# Cuando EVA era una DIOSA

Una visión shamánica de la Biblia

**JANET RUDOLPH**  Traducción y Colofón por
MARTÍN MORA ORTEGA

Las citas bíblicas de este libro son de la Reina Valera Antigua, a menos de que se especifique otra cosa.

Cuando Eva era una Diosa por Janet Rudolph.
ISBN-13: 9780986279539

Published 2020 by FlowerHeartProductions Rockville Centre, NY

Copyright 2020, Janet Rudolph. Todos los derechos reservados. Ninguna parte de esta publicación puede ser reproducida, almacenada en un sistema de recuperación o transmitida de ninguna forma o por ningún medio, ya sea electrónico, mecánico, de grabación u otro tipo, sin el previo permiso por escrito de Janet Rudolph.

"Janet Rudolph es una erudita transgresora de la mejor clase."
Rachel Pollack

La galardonada autora de 41 libros, incluyendo *78 Degrees of Wisdom*, *Unquenchable Fire* y la creadora de la baraja del tarot *The Shining Tribe*.

Elogio para
**Cuando Eva era una Diosa**
*Una visión shamánica de la Biblia*

La lectura de este libro me puso en un estado mental más espiritual. Me encuentro mirando el mundo desde una perspectiva diferente cada vez que leo una nueva sección.

Rudolph ha hecho una investigación impresionante. Relata historias de diferentes tradiciones religiosas. Hay una comprensión de las letras hebreas, el papel de la semilla en la difusión de los rasgos tanto espirituales como físicos, masculinos contrapuestos a femeninos, por ejemplo. Es una obra más bien corta, pero debe ser detenidamente leída y analizada.

Susan Lerner
Autora de *Children of Lies, A Suitable Husband, In the Middle of Almost and Other Stories*, y *The Journal Project: Capturing the magic of family life through stories*.

*Cuando Eva era una Diosa* proporciona una maravillosa mirada a las antiguas leyendas, dando al lector interpretaciones alternativas de las historias bíblicas. El lector se verá envuelto en la amalgama de erudición y espiritualidad de la autora.

Alice Laby
Miembro del *Long Beach Writer's Circle*

Elogio para
**Cuando Moisés era un shamán**

Es raro leer un libro con tantos momentos eureka «a-ha», como el fascinante y erudito —aunque accesible— de Janet Rudolph, *Cuando Moisés era un shamán*. Incluso si estás seguro de estar familiarizado con Moisés, la Biblia, las leyendas bíblicas y la mitología universal, habrá algo aquí que te sorprenderá y te dará de pensar. La propia Janet Rudolph, una shamana, pone de relieve la historia, el shamanismo y la mitología de esta importante figura. ¡Altamente recomendado!

Judika Illes
Autora de *Encyclopedia of Spirits*, *Encyclopedia of Mystics, Saints, and Sages*, y otros libros dedicados a la espiritualidad y a las artes mágicas.

Elogio para
*__One Gods__*
*La guía bíblica del místico pagano*

Janet Rudolph's One Gods: *La guía bíblica del místico pagano*, es una exploración esclarecedora del tema de la «unicidad interarquitectónica» en la Biblia—el *Tanakh*, también conocido como el Antiguo Testamento— en los mitos, símbolos y letras interculturales, lograda por una erudición, perspicacia y respeto impecables por la naturaleza. Al leer *One Gods*, obtenemos una mejor comprensión de la tradición antigua y los antecedentes de los temas de interés en la investigación actual, así como un paradigma viable para pensar y vivir en el siglo XXI.

> Živilė Gimbutas
> Ph.D.,Comparative Literature, autora de *Artistic Individuality: A Study of Selected Artist Novels ca. 1910-2010* y *The Riddle in the Poem*

Un libro fascinante. Janet Rudolph ha hecho una fuerte investigación, mucho más profunda que la habitual deconstrucción de mitos patriarcales y pasajes de la Biblia. Me gusta mucho el respeto y la conciencia que ella trae a las escrituras hebreas, junto con un fuerte enfoque intercultural.

> Rachel Pollack
> Autora galardonada

**SOBRE LA PORTADA:**

Susana Tapia León es una curandera ecuatoriana, cantante y artista visionaria. Aquí está su descripción acerca de la portada:

### RESPIRACIÓN DE VIDA

La intención de la Creación
El aliento... al principio del tiempo
Animus y Anima, Dios y Diosa
soplando dentro de la espiral.
Una respiración entra... la otra es dirigida
al centro de la vida
El comienzo de la vida
Bajo las viejas aguas, muchas formas de vida en la Tierra.
La cola de la ballena representa un patrón único, pez,
serpiente . . . bajo el mar.
Sobre el cielo, la luna y las estrellas.

**Perdido: Un burro**

«Oh, gente» gritó Nasrudin, corriendo a través de las calles de su pueblo.

«Sepan que he perdido mi burro». Quienquiera que lo traiga de vuelta recibirá el burro como recompensa.

«Debes estar loco», dijo un espectador a este extraño evento. «Para nada», dijo Nasrudin, «¿acaso no sabes que el placer que obtienes cuando encuentras algo perdido es mayor que el placer de poseerlo?»[1]

---

[1] Shah, Idries, Caravan of Dreams (Penguin Books, 1968), 33. Nasrudin, un filósofo del siglo XIII, es comúnmente usado como sujeto de miles de historias sufíes, muchas de las cuales son ingeniosas, humorísticas, disparatadas y siempre filosóficas.

# Índice

Introducción – Sabiduría bíblica ............................................. 1
1 El aliento que viaja ............................................................. 3
2 Aliento es vida ..................................................................... 7
3 Eva es el héroe del jardín del Edén .................................. 9
4 Bloques de construcción hebreos ................................... 12
5 Una imagen (jeroglífico) pinta mil palabra .................... 19
6 Letras madre ....................................................................... 24
7 Raíz shin-mem .................................................................... 27
8 El aroma del conocimiento .............................................. 30
9 El sabor del conocimiento ............................................... 34
10 Los nombres de Dios ....................................................... 40
11 Saludos con aliento .......................................................... 44
12 Noé y la semilla ................................................................ 47
13 La serpiente y la semilla ................................................. 51
14 El árbol de las semillas ................................................... 55
15 Ella lo llamó Moisés ........................................................ 59
16 Atravesando las aguas .................................................... 63
17 Un borde de juncos ......................................................... 67
18 El Mar de Umbrales ........................................................ 71
19 Bendición ........................................................................... 75

20 Sangre y sacrificio ............................................................ 78
21 Vibraciones todas-en-una .............................................. 83
Epílogo .................................................................................. 86
Apéndice A: Eva ................................................................... 88
Apéndice B: El laberinto ..................................................... 92
DONES: Un poema .............................................................. 94
**BIBLIOGRAFÍA** .................................................................... 96
**COLOFÓN** ......................................................................... 105

# Introducción – Sabiduría bíblica

*Para criaturas pequeñas como nosotros, la vastedad es soportable solo mediante el amor.*
*Carl Sagan*

Cuentos e historias de origen bíblico abarcan la gama desde la palabra revelada de Dios hasta las fábulas míticas de una cultura. La Biblia en su aspecto más vívido está contando historias, capturando la imaginación con habilidad y destreza.

Numerosas novelas y mitos han sido inspirados por ella. Un incontable número de películas han encarnado sus personajes y leyendas. ¿Quién puede no conmoverse por Noé embarcándose en un mar violento, con parejas de animales dentro de nada más que una frágil arca? ¿O por el héroe Moisés partiendo el Mar Rojo mientras guía a los *habiru* en su escape de la esclavitud? ¿O por el viaje de Adán y Eva fuera del Jardín del Edén? ¿Fueron estas fábulas o eventos reales? ¿Acaso importa? Han penetrado nuestra consciencia y nos han fascinado a través de milenios. Estas historias están tejidas profundamente en la fábrica de las creencias colectivas de nuestras heredades occidentales, tanto religiosas como culturales.

Creo que la Biblia está llena de antiguo conocimiento shamánico y pagano, profundamente escondido en sus palabras. Un conocimiento que se encuentra escondido en las palabras mismas del alfabeto hebreo. La Biblia es un libro de muchos estratos, permitiendo múltiples interpretaciones. Noé, por ejemplo, cuenta una aventura desenfrenada de sobrevivencia en contra de grandes probabilidades, mientras que a un tiempo es un viaje místico sobre semillas y la continuación de la vida.[2] El cuento de Adán y Eva está repleto de maldiciones y serpientes, pero es también un cuento misterioso sobre generar y vivificar el aliento de la vida.[3] La partición del Mar Rojo es una sobrecogedora historia-viaje que define una cultura y nos provee de un mapa del tesoro para los pasadizos entre el cielo y la tierra.[4]

Este libro fue originalmente titulado «21 secretos de la Biblia». Mucha gente lo encontró desconcertante, así que lo he reeditado con un nuevo nombre, junto a algunas correcciones y material expandido. La palabra «secreto» en el título original se refería a «aquello que es dificultoso de hallar o ver como aerosol marino o polvo».[5]

Las páginas que siguen exploran dichas leyendas bíblicas y realizan una valoración e interpretación de sus letras. Estás invitado a unirte a mí en una aventura con motivo de descubrir las enseñanzas shamánicas antiguas, subyacentes en las historias y lecciones de la Biblia.

---

[2] Mira el capítulo 12.
[3] Mira los capítulos 12, 13, y 14.
[4] Mira el capítulo 18.
[5] Cita de Serge Kahili King.

# 1 El aliento que viaja

*Por la palabra del Señor fueron echos los cielos;*
*Y todas las huestes por el aliento de su boca.*
Salmo 33:6

«Si leemos la historia de Buda, que era un yogui, encontraremos que sin yoga y meditación espiritual, la cual es lograda mediante la respiración, nadie en este mundo ha alcanzado la perfección espiritual. El poder sanador de Cristo, el magnetismo de Mahoma, el poder milagroso de Moisés, el encanto de Krishna, y la inspiración de Buda—todas y cada una de estas cosas, fueron alcanzadas mediante la respiración—. ¿Cómo lo lograron si no eran un medio entre nosotros aquí en la tierra y la fuente de la energía, la fuente del poder y el magnetismo?»[6]

---

[6] Khan, Hazrat Inayat, The Music of Life (Omega Publications, 2005), 212.

El aliento es el secreto fundacional del universo. Nutre ambas: nuestra vida física y nuestra vida espiritual. Materialmente, circulamos aire a través de nuestros cuerpos, transformándolo en alimento para nuestros huesos, sangre, pulmones, etc... Espiritualmente, tomamos aire del cosmos, lo hacemos circular a través de nuestro cuerpo vibratorio y después lo liberamos hacia su fuente divina.

El viento es un espejo terrenal del espíritu-aliento-soplo. Espíritu y viento, ambos se entremezclan y transportan substancias: humedad, aire, sonido, e incluso conocimiento. El viento sopla su aire sobre vastas distancias, entrelazando así dispersos elementos. Por ejemplo, una tormenta eólica en 2015 afectó la calidad del aire de Texas, a 5,000 millas de distancia. Nuestro propio aliento viaja lejos y más lejos, porque el aliento tiende un puente en la expandida percepción entre el cielo y la tierra.

De acuerdo con el rabbi del siglo II, Shim'on bar Yochai[7] hay tres sonidos que nunca abandonan la tierra:) El sonido de una serpiente derramando su piel, 2) el sonido del alma abandonando la tierra en su muerte, 3) el sonido del nacimiento. Estos tres sonidos son preservados porque se adentran profundamente en la tierra. De acuerdo con el rabino Yochai, podemos despertar en nosotros estos sonidos, llamarlos desde la tierra y evocar sus poderes en dos formas: 1) llamando con nuestra propia voz, o 2) golpeando la madera con la piedra. «Llamado con nuestra voz» es el aliento de la humana expresión y «madera con piedra» es uno de los alientos de la tierra, una de las formas que tiene la tierra de respirar. Cada uno de estos sonidos representa aspectos de las transiciones de la vida; especialmente, aquellos entre la vida, la muerte y el renacimiento.

---

[7] Sefer Ha Zohar Vol 3, folio 168b. El Zohar, que significa «resplandor» o «esplendor» es un libro del siglo XII y XIII que es el texto fundacional del misticismo judío llamado «la cábala». El rabino Yochai es considerado como el autor original del Zohar. Citado de Winkler, Gershon Magic of the Ordinary, (North Atlantic Books, 2003), 204.

A lo largo de la historia, estos sonidos han sido reproducidos golpeando, haciendo música, cantando, coreando, tamborileando, llorando, riendo, escuchando
el corazón palpitante. Cada uno de estos elementos sonoros, es una forma del «aliento que viaja».

Cuando el aliento viaja también traslada conocimiento. Aunque el concepto de aliento que traslada conocimiento puede resultar extraño, aparece comúnmente en sistemas espirituales, tal como ocurre en la Biblia.

*Ciertamente espíritu hay en el hombre,*
*Y la inspiración del Omnipotente le hace comprender.*
Job 32:8 (T. del T.)

Abajo está el mismo pasaje traducido, esta vez substituyendo las siguientes palabras: «viento» por «espíritu», «aliento» por «inspiración», y «Creador» por «Omnipotente».

*Ciertamente viento [8] hay en la humanidad*
*y el aliento [9] de la Creación [10] les enseña.*

En pocas palabras, Job 32:8 nos recuerda que el aliento de la humanidad interactúa con el aliento de la divinidad, y esta interacción es una fuente de conocimiento.

Para shamanes y otros maestros espirituales, la palabra *humanidad* no se refiere solamente a los seres humanos, sino que abarca toda la creación. Así, por ejemplo, una roca, una concha y una estrella: cada una tiene su propia forma de vida. Como el shamán hawaiano Serge Kahili King escribe: «Para el shamán la vida no está limitada a las plantas, animales y

---

[8] En hebreo: *ruach*.
[9] En hebreo: *neshemah*.
[10] En hebreo: *shaddai*, que literalmente quire decir «seno» y suele ser traducido por Omnipotente. He usado la palabra «creación» para referir el potencial creativo/generativo de las diosas con senos.

humanos, porque la vida es definida como movimiento. Algunas cosas se mueven muy lentamente como las rocas y otras se mueven muy rápidamente como la luz».[11]

Cada una de las formas de la creación tiene su propio viento, o hablando en términos humanos, un aliento que interactúa con otros aspectos de la creación; y ocurre con nosotros, seres humanos, asimismo.

*El conocedor del misterio del sonido*
*conoce el misterio del universo entero.*
Hazret Inayat Khan [12]

---

[11] Kahili King, Serge <u>Urban Shaman</u> (Fireside, 1990), 71.
[12] Khan, Placa frontal.

## 2 Aliento es vida

*Y el Señor Dios formó al hombre del polvo de la tierra,
y sopló en su nariz aliento de vida y fue el hombre un alma viva.*
Génesis 2:7 (T del. T)

Un sufi fue llamado para sanar un niño enfermo. El sufi habló al niño una palabra y después la cantó repetidamente. Al final de la visita, devolvió el niño a sus padres y les dijo: «ahora su niño estará bien». Un testigo que estaba parado cerca se enfureció y gritó al sufi: «¿cómo pueden unas pocas palabras sanar al niño? Eres un fraude.» El sufi, que por lo general era un sujeto moderado, dijo, iracundo, en respuesta: «Tú no entiendes nada, eres un tonto». El testigo se enfureció de nuevo, su rostro enrojeció y su aliento se infló. Entonces el sufi respondió: «Ahora ya ves. ¿Si una palabra tiene el poder de afectar tu cuerpo, cambiar tu aliento, ponerte rojo y ardiente, cómo puede una palabra ser incapaz de sanar?»[13]

---

[13] Adaptado de una historia sufi relatada por Kahn, 201.

Detrás de «la palabra que sana» hay un poder más grande y abarcador. El poder es soplo, aliento o «el aliento que vivifica». Este es el mismo aliento que fue usado al crear un «alma viva» en el pasaje del Génesis anterior. Como para enfatizar la importancia de la respiración, Génesis 2:7 usa tres palabras diferentes para expresar las múltiples dimensiones de su significación.[14]

En el capítulo anterior, cité las palabras de Serge Kahili King sobre la vida como movimiento. El movimiento de la vida se puede ver a través de su propio ritmo. Nuestro corazón late a un ritmo. Nuestra respiración inhala y exhala a un ritmo. Nuestra sangre circula a un ritmo. Incluso las rocas, los árboles, el agua, las estrellas tienen sus propios ritmos.

La pulsación o vibración es la vitalidad que mantiene a nuestro cuerpo funcionando en todos los niveles. La respiración circula a través de nosotros físicamente, tocando y afectando cada célula de nuestro cuerpo. A medida que nuestra respiración entra y sale de nuestro cuerpo, estamos conectando «lo que está dentro de nuestros cuerpos» con «lo que está fuera de nuestros cuerpos». A través de la respiración, nosotros, en nuestros cuerpos individuales, tenemos una conexión tangible con toda la vida, desde el más pequeño grano de arena hasta las estrellas en el cielo. El idioma hebreo guarda una palabra que expresa la totalidad de este bello concepto. Es la palabra *hawah*.[15]

*Hawah*, que significa «vida», también significa «respirar», «tener aliento», «existir». *Hawah* también es el nombre de una persona en la Biblia. El término hebreo antiguo *hawah*, que significa vida y aliento, se traduce como Eva.

---

[14] Dos palabras son *naphach* (Strong's 5301) y *nismat* (Strong's 5397). La tercera es discutida seguidamente.

[15] Benner, Jeff A., The Ancient Hebrew Lexicon of the Bible (VirtualBookworm.com, 2005), #1097. *Hawah* es la tercera palabra que significa «aliento» en Genesis 2:7. Para mayor información en dicha etimología, consulta los capítulos siguientes y el Apéndice A.

# 3 Eva es el héroe del jardín del Edén

El dios egipcio Osiris asistió a una fiesta en la que su hermano, Set, lo engañó para que se acostara en un cofre de madera, ostensiblemente para comprobar su tamaño. Cuando Osiris se acostó, Set cerró la tapa, selló el cofre y lo arrojó al mar. Las grandes aguas arrastraron el cofre hasta que finalmente llegó a tierra. Un tamarisco creció a su alrededor tan rápidamente que el cofre quedó completamente encajonado en su tronco.

Malcandro, rey de Biblos, se topó con este notable tronco de árbol y ordenó que fuera cortado para utilizarlo como columna de su palacio. Este pilar emanaba una exquisita fragancia, ganando rápidamente reputación mágica y haciéndose famoso en toda la tierra. Cuando la esposa de Osiris, Isis, supo de la existencia de esta maravillosa columna, comprendió inmediatamente su significación y emprendió su viaje a Biblos.

En el camino, se detuvo a visitar a la reina Astarté, que tenía bebé recién nacido. A continuación, la reina le pidió a

Isis que cuidara de su bebé, e Isis estuvo de acuerdo. Sin que los padres lo supieran, Isis inició el proceso de hacer inmortal al bebé respirando sobre él durante el día, y bañándolo en fuego purificador durante la noche. Una de aquellas noches, la reina sorprendió a Isis mientras adentraba a su bebé en el fuego, y gritó aterrorizada. El miedo de la reina detuvo repentinamente el proceso. Interrumpida, Isis se despidió y continuó hacia Biblos.

En una versión tradicional del mito, Isis lavó con lágrimas el pilar antes de abrirlo y sacó el ataúd de Osiris.[16] En otra versión, particularmente bella, Isis abrió el ataúd-árbol y, disfrazada de halcón, agitó sus alas para bombear aire de reanimación en los pulmones de Osiris.[17]

Eva es el héroe del Jardín del Edén. El secreto de Eva, y de sus otras hermanas divinas como Isis,[18] es el poder que albergan sobre la magia del aliento de la vida. Aunque los escritores bíblicos despojaron a Eva de su estatus de Gran Diosa, su nombre—que significa vida y respiración—aún conserva el recuerdo de su conexión entre la respiración y la vida. No es casualidad que las consonantes palabras inglesas «útero» y «tumba»[19] estén asociadas con la Gran Diosa y se relacionen con períodos de la vida en los que la transformación de la respiración también transforma el estado del cuerpo. Cuando un cuerpo nace o muere, la forma de las vibraciones de su respiración cambia para siempre.

---

[16] Graves, Robert, <u>The New Larouse Encyclopedia of Mythology</u> (The Hamlyn Publishing Group, 1968), 18-19.
[17] Caldecott, Moyra, <u>Myths of the Sacred Tree</u> (Destiny Books, 1993), 47.
[18] Otras diosas incluyen Venus, Freyja, Astarté, Ištar, Inanna y Asherah.
[19] *Womb*: «útero» y *tomb*: «*tumba*».

En las historias de la moralidad moderna, Eva recibe la culpa de la expulsión del «hombre» del Jardín del Edén. La serpiente, como dice la historia, la tentó a comer la fruta del árbol prohibido, creando la maldición que resultó en la expulsión de Adán y Eva del Jardín. Pero, entendido desde una perspectiva espiritual, la historia significa exactamente lo contrario: Eva no es la causa de una maldición, sino que representa la bendición que sacó a la humanidad del mítico Jardín del Edén y la condujo a una vida física, aquí en la Tierra. Así como Isis resucitó a Osiris, Eva dio aliento de vida a la humanidad entera. La etimología de su nombre continúa siendo una señal representativa de su papel de donante de aliento y repartidora de vida.

Para repasar: Eva, cuyo nombre significa VIDA y aliento, bombeó el soplo en la arcilla roja de la tierra (*adamah*), dando así a luz la vida. De hecho, el árbol del Jardín del Edén, el árbol que da el —así llamado— fruto prohibido, el árbol que es la fuente/ímpetu del viaje de la humanidad fuera del Edén, es nombrado en honor de Eva. Es conocido en todo el mundo como el Árbol de la VIDA.

## 4 Bloques de construcción hebreos

> *Las luces emanando de las estrellas son creadas por virtud de su canción. Al cantar las estrellas brillan. Por tanto, cuando mires las estrellas, sabe que se revelan a sí mismas a través de su canción. Así que cuando te levantes a rezar, sabe que tu rezo es una continuación de la canción de las estrellas.*
> Sefer Ha'Zohar, vol. 1, folio 231b[20]

«Al cantar las estrellas brillan» describe poéticamente las exquisitas vibraciones de las estrellas desde nuestra posición privilegiada, aquí en la Tierra. Sus vibraciones no son expresadas mediante su canción únicamente, sino que se manifiestan en la tierra, a sí mismas, en forma de escritura sagrada o jeroglíficos (*hieros* que significa «sagrado» y *glyphos* que significa «escritura»).

Las formas inscritas de la escritura sagrada son un espejo de las constelaciones estrelladas. Aparecen como formas vibratorias que son irradiadas a la tierra desde el cielo y se manifiestan por escrito en el firmamento.

Las runas del alfabeto nórdico son un ejemplo de escritura estelar. Han sido llamados regalos de los dioses celestiales y han sido descritos como «signos mágicos

---

[20] Vol. 1, folio 231b, relatado en Winkler, Gershon, <u>Kabbalah 365</u> (Andrews McMeel Publishing, 2004), 202.

impresionantes y potentes; dibujados por el hechicero, hechos por los Santos, tallados por el Altísimo»."[21]

Lo mismo puede ser dicho del alfabeto hebreo que fue creado desde «letras de fuego»."[22] Hasta hoy, las letras del alfabeto hebreo *aleph-beis* guardan sus «energías ardientes de los cielos». Por este motivo, el rabino Munk las llama el «material crudo de la Creación»."[23]

Cada letra contiene su propia, misteriosa, oculta, celestial sabiduría. Los orígenes estrellados del *alpha-beis* aún pueden ser observados en las letras modernas hebreas, cuya forma semeja la de una llama.

### La letra *yod*

La letra *yod* es la forma de la punta de una llama y se utiliza para trazar cada una de las otras 21 letras hebreas utiliza:

Aquí está la misma letra en su antigua forma semítica:

A primera vista, la forma semítica parece no tener relación con la llama o el fuego. Parece el dibujo de un brazo extendido que ha venido hacia abajo desde arriba, y termina en una mano asimismo extendida. ¿Pero de dónde viene el

---

[21] Metzner, Ralph, The Well of Remembrance (Shambhala, 1994), 197.
[22] Heline, Corinne, The Bible & The Tarot (DeVorss Publications, 1969), 40. Fueron creados a partir de las formas de las constelaciones de la elíptica.
[23] Munk, Rabbi Michael L., The Wisdom of the Hebrew Alphabet (Mesorah Publications, 2009), 19.

brazo y a dónde se extiende la mano? Existen labrados egipcios antiguos que pueden proveer algunas respuestas a dichas preguntas. El gravado egipcio de abajo, del 13000 a. e. c., representa al Faraón Akenatón y a su familia. Nota los numerosos rayos o brazos extendidos, desde el sol, que terminan en manos similares a las humanas:

Las manos más cercanas a las narices humanas sostienen cruces de ankh, o cruces ansadas, el antiguo símbolo egipcio de la vida y la respiración. Los «brazos» entre el sol y la humanidad son rectos, mientras que en la *yod* semítica se doblan con los pulgares «oponibles» más visibles. El significado fundamental sigue siendo el mismo. La fuente es el sol como la llama divina y sagrada. Los brazos son los rayos de conexión y las manos son el «Obrero de la deidad»."[24] que hace el trabajo terrenal de crear manifestaciones.

Bien sea un grabado antiguo egipcio, antiguo semítico o una letra hebrea moderna, todas encarnan el mismo significado. Los tres símbolos escritos denotan los pasadizos que conectan el fuego/luz del sol a la vida/aliento de la tierra. La pequeña llama de la *yod* moderna es una representación a mano que puede ser sucintamente expresada por las palabras del Zohar:

*cuando el sol canta, el sol brilla*

### La letra *beis*

Muchas, sino todas las 22 letras hebreas *aleph-beis*, derivan de jeroglíficos egipcios.[25] La letra hebrea *beit*, *beis* o *beth* (B), por ejemplo, tiene una conexión constatable con Egipto. Como es típico en las letras hebreas, *beit/beis/beth* tiene un significado específico: hogar. Abajo hay representaciones de la letra en ambas escrituras, tanto modernas como antiguas:

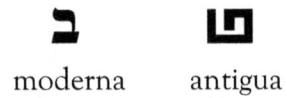

moderna    antigua

Nota cómo una larga *yod* cubre la parte superior de la letra moderna. Los estudiosos describen la antigua forma de *beis*

---

[24] Heline; 41
[25] Del filósofo bíblico francés Fabre d'Olivet <u>The Hebrew Tongue Restored</u> (Samuel Weiser, 1976 originalmente impreso en 1921), 16. D'Olivet argumenta que el hebreo original en totalidad salió de Egipto; «Diré sin ninguna parcialidad, que el hebreo contenido en el *Sefer* (La Torá), es el idioma puro de los antiguos egipcios».

como el patrón del suelo de las tiendas de campaña de los antiguos hebreos. La tienda, entonces, se convirtió en «hogar» traducida al leguaje moderno. En Egipto, el mismo símbolo *beis* tiene una significación un tanto distinta: laberinto.[26] Los laberintos eran extremadamente importantes en el Antiguo Egipto. Cuando el historiador griego Heródoto visitó Egipto en el siglo V a. e. c., describió el laberinto incluso más impresionante que las pirámides.[27]

Los laberintos guardan la clave para descifrar el significado de la letra *beis*. En el tiempo más antiguo, el laberinto era considerado el canal de nacimiento de la Gran Diosa. Aunque no existe una conexión etimológica específica, la palabra *labrys* (laberinto) y *labia* (labios), la piel en el portal de la vulva femenina, tienen una obvia y vibratoria conexión fonética. Es fácil observar el laberinto como el espejo sagrado de la *labia* (labios) terrenales, tanto en forma como en símbolo. Ambos representan la entrada del portal de la vida.[28] Cuando un bebé nace, sale en espirales fuera de la vulva de la madre hacia la vida, aquí en la tierra. Desde la temprana historia humana, imágenes de la Diosa han sido grabadas con laberintos como símbolo de *Sus* poderes sobre el embarazo, el nacimiento y, por tanto, la vida.

La letra *beis*, denotando «hogar», se refiere a la disposición de las antiguas tiendas de campaña que fueron el hogar de los antiguos hebreos. Pero «hogar» puede tener una significación más amplia, cuando entendemos a la tierra como nuestro hogar. Nuestro cuerpo físico es nacido de nuestra madre terrenal, mientras a un tiempo, nuestro ser espiritual es

---

[26] Golan, Ariel, <u>Prehistoric Religion</u> (Jerusalem; 1991 and 2003), 306.
[27] Heródoto: «Visité este edificio y encontré que sobrepasaba cualquier descripción; porque si todas las grandes obras de los griegos pudieran ser reunidas en una, no serían iguales a este laberinto. Las pirámides también sobrepasan cualquier descripción, pero el laberinto sobrepasa las pirámides.» Cuando Heródoto lo visitó, el laberinto tenía por lo menos 1.300 años de antigüedad.
[28] Para más sobre el laberinto, consulta el Apéndice B.

nacido de la Gran Diosa. El portal que inicia el viaje de traernos a nosotros, humanos, a la Tierra, es su *labia*/laberinto.

Diosa preñada con un atuendo completo y una serpiente enrollada sobre el vientre. De Medvednjak, Vinca. 5.000 - 4.000 a. e. c.[29] Nota la serpiente enrollándose en una forma de *beis* curvilínea sobre la barriga preñada.

Cuando se trata del poder intrínseco del laberinto, la naturaleza misma creó el más viejo y más poderoso de los símbolos del proceso de alumbramiento. Comparemos la imagen con el vientre de la diosa (arriba) con la antigua letra *beis* y finalmente con el interior de una caracola. Este patrón está codificado en toda la creación, incluso en la forma de doble hélice de nuestro ADN. No es accidental que cuando uno sople aliento vivo a través de una caracola, un gran sonido vibratorio emerja — un sonido similar al del *shofar* judío, el cuerno de carnero espiralado. Esta es una réplica o despertar del sonido que nunca abandona la tierra y trasciende el puente entre la vida y la muerte. Esta es la voz/sonido

---

[29] Gimbutas, Marija <u>The Goddesses and Gods of Old Europe</u>, (University of California Press; 1982) Figure 196, 202. Reimpreso por el permiso de Estado de Marija Gimbutas.

vibratorio de la Creación; la canción del resplandeciente sol y de las estrellas, traído a la Tierra.

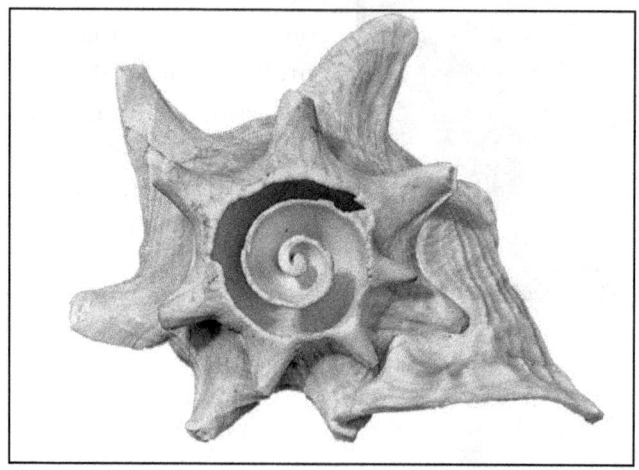

## 5 Una imagen (jeroglífico) pinta mil palabra

El rabino Bunam enseñaba:

«Así es como debemos interpretar las primeras palabras de las Escrituras: "En el principio de la creación de Dios, del cielo y de la tierra". Por cuanto aún ahora, el mundo está en un estado de creación. Cuando un artesano hace una herramienta y está terminada, ya no la necesita. ¡No es así con el mundo! Día tras día, instante tras instante, el mundo requiere la renovación de la palabra primordial a través de la cual fue creado, y si el poder de estos poderes fuera retirado por un solo momento, la creación se convertiría en *tohu bohu*»[30]

*En la Biblia está escrito que la primera palabra fue,*
*y de la palabra todas las cosas surgieron.*
*Antes de la palabra hubo el aliento que hizo la palabra.*
Hazrat Inayat Khan[31]

---

[30] Buber, 259. «Tohu bohu» o «Tohu va bohu» significa «vacuo y sin forma» en Génesis 1:2. Se trata del pasaje directamente posterior a que la Creación inicie con la declaración: *Hágase la luz*.
[31] Kahn, 201.

Las letras son los bloques de construcción de las palabras. Las runas nórdicas, los jeroglíficos egipcios, el alfabeto *aleph-beis* hebreo, los logogramas chinos (todos fueron diseñados a partir de elementos culturales que eran importantes para la gente de su tiempo y sitio). Examinarlos revela antiguas creencias que subyacen en su formación.

Las letras hebreas antiguas son glifos o dibujos simbólicos. Examinar una palabra hebrea como si fuera un *jeroglífico* extraído de estos símbolos permite descubrir significados «secretos». Los significados emergentes pueden cambiar todo el cariz de un pasaje.

**Bedel – Separación**

Un ejemplo *jeroglífico* que cambia el entendimiento del significado es el término hebreo para separación: *bedel*. Las palabras hebreas derivan de dos o tres letras-raíz que forman sus *jeroglíficos* básicos. Las letras-raíz de *bedel* son B-D-L o, en hebreo, *beis-dal-lam*.

> y <u>separó</u> Dios la luz de las tinieblas.
> Génesis 1:4[32]

Este pasaje implica un modelo de separación como algo final e impenetrable. Pero el *jeroglífico* de la palabra *separación* cuenta una historia diferente de su significado. Como fue descrito, cada letra hebrea tiene, asimismo, su propia significación. La palabra para separación usa las siguientes letras: *beis* o B, que significa «hogar» o «laberinto» (capítulo 4); *dal* (*dalet*) o D, que significa «puerta» (así como en una puerta de vaivén de las tiendas de campaña antiguas): y *lam* (*lamed*) o L, que significa «báculo de la autoridad» muchas veces representando la autoridad de dios o de la divinidad. Abajo

---

[32] (Reina Valera 1909 dice «apartó» en lugar de «separó». (N. del T.)

están las forman semíticas antiguas de las letras (leídas de derecha a izquierda):

| | | |
|:---:|:---:|:---:|
| ل | ܒ | ܫ |
| *lam* | *dal* | *beis* |
| L | D | M |
| Cielos/creación/divinidad | puerta | hogar/manifiesto/Tierra |

El *jeroglífico* de *bedel* cuenta la siguiente historia: un «hogar» (*beis*) es nuestro morar terrenal, y el báculo (*lam*) representa la divinidad, como autoridad divina. Representa nuestro origen celestial. Entre las dos letras está la puerta (*dal*). «Separación» es literalmente ilustrada con un pasadizo (puerta) entre la tierra (y todo lo que conlleva de cuanto se ha manifestado en la tierra y la vida mundana) y los cielos (y todo lo que eso conlleva espiritualmente, de vida supramundana). Y justamente porque la puerta es, específicamente, la trampa de una tienda antigua, que se mece en todas direcciones; representa movimiento, ya sea de energía, luz, objetos o conocimiento, en ambas direcciones entre la tierra y los cielos. Esta «separación» descrita por el *jeroglífico* expresa un concepto ying/yang en que la energía constantemente fluye y refluye.

Entendida desde sus orígenes etimológicos, «separación» no significa la construcción de límites impenetrables, sino que expresa un movimiento que fluye perpetuamente entre aspectos que pueden parecer separados. Este pictograma de «separación» cambia totalmente el significado del proceso que se describe en el Génesis. Esta definición de «separación» da forma a las creencias de místicos y shamanes, dejando espacio para el rezo y la comunicación con los aspectos «extraterrenales» de la creación.

> y Dios creó <u>movimiento perpetuamente fluctuante entre</u>
> la luz y la oscuridad

## Bara – Creado

Otra palabra que cambia radicalmente el sentido de un pasaje cuando está descodificado es *bara*, que significa «creado».

> *En el principio Dios <u>creó</u> los cielos y la tierra.*
> Génesis 1:1

*Bara* tiene un fascinante *jeroglífico*. Sus letras-raíz son B-R-A, usando las letras: *beis-resh-aleph*. *Resh* (R) significa «cabeza», y en escritura semítica antigua se asemeja a una cabeza humana (𐤓). *Aleph* (A) es una letra multifacética, generalmente significando «poderes». El antiguo glifo de *aleph* es la cabeza de toro (𐤀), invocando sus propiedades de fuerza y poder. No solamente *aleph* se refiere a la antigua deidad taurina de los cananeos y las diosas vacunas de los egipcios, sino que es una de las dos letras que compone el antiguo nombre hebreo de dios: EL.

Aquí el *jeroglífico* de *bara*:

| 𐤀 | 𐤓 | 𐤁 |
|---|---|---|
| *aleph* | *resh* | *beis* |
| A | R | B |

Jeff A. Benner traduce *bara* como «engordar» porque B-R-A es la palabra que se utiliza al alimentar de grano o semilla al ganado para engordarlo. Benner traduce el Génesis 1:1 así:

> *en la cumbre Elohim [Poderes] engordó el cielo y la tierra.*[33]

---

[33] Benner, Jeff A. <u>A Mechanical Translation of The Book of Genesis</u>, (Virtualbookworm.com, 2007), 15.

El *jeroglífico* de B-R-A confirma la traducción de Benner e incluye un giro. La ⌂ es el laberinto, el canal de nacimiento de la Gran Diosa. La ᛟ es la cabeza humana que emerge del canal de nacimiento en el proceso de alumbramiento. La ⌁ es el poder divino detrás del proceso de parto, así como de todo el poder inherente de dicho proceso. B-R-A, en otras palabras, crea una representación de los espirituales y «omnipotentes» aspectos del proceso de nacimiento.

*En el principio (Los poderes) alumbraron el cielo y la tierra.*
Génesis 1:1

# 6 Letras madre
Letras (Mama, Madre, Mare, Mutter, Ema)

El famoso y sabio rabino de Mogielnica dijo: «Es bien sabido que las palabras de nuestros sabios que parecen contradecirse son todas «palabras del Dios viviente». Cada uno de ellos decidió de acuerdo a la profundidad de su raíz en el Cielo, y allí arriba todas sus palabras son verdaderas, porque en los mundos superiores no hay contradicciones. Allí todos los opuestos, como la prohibición y el permiso, la culpa y la ausencia de culpa, son un todo unificado. La distinción entre prohibición y permiso aparece sólo en su accionar en la tierra».[34]

Cada una de las 22 letras del *aleph-beis* hebreo es una herramienta mística individual y única con su propia historia y magia respectivas. Tres de dichas letras se llaman «letras madre», porque en la creencia cabalística son los primeros elementos en la materia prima de la creación. Como escribe

---

[34] Buber, Martin, <u>Tales of the Hasidim, Later Masters</u> (Schocken Books, 1948),181. De las historias del rabino Hayyim Meir Yehiel de Mogielnica.

la mística Corinne Heline, son «espíritus de fuego, viento y nube»[35]

Las tres letras madre son *aleph* (A), *mah* o *mem* (M), y *shin* (Sh).

Pearl Epstein las llamó «letras primordiales».[36] Heline escribió: «Las letras madre representan los principios cósmicos de la creación junto con su continuo sustento y crianza».[37] Ella continúa: «Como las raíces del fuego, del agua y del aire, son las primeras exhalaciones de la Palabra Divina que se hacen carne en el universo manifestado».[38]

Como las primeras «exhalaciones», y como los espíritus de la creación elemental, las letras madre encarnan vibraciones sonoras extraordinarias y poderosas. Según la Cábala, estos sonidos fueron las primeras emanaciones que descendieron de los cielos a la Tierra. Es particularmente significativo que estas sílabas combinadas produzcan sonidos de canto especialmente poderosos. Aquí hay dos de sus combinaciones:

MaaMaa  Shaaaa

*MaaMaa* es uno de los primeros sonidos que hace un bebé en casi todos los dialectos del mundo. Más apropiadamente, *MaaMaa* significa «madre» en muchos idiomas.

La vibración «Shaaaaa» aparece al principio de la palabra *shaddai*, usualmente traducida como «todopoderoso». Una palabra que literalmente significa «senos». En el curso de la historia de su traducción, ocurrió una inversión y *shaddai* pasó a llamarse «él» (*El Shaddai*).

La madre es el agente primario de la Creación y *Shaddai* como *senos*, son *sus* canales para nutrir y alimentar a *sus* crías.

---

[35] Heline, 30.
[36] Epstein, Pearl, <u>Kabbalah: The Way of the Jewish Mystic</u> (Shambhala, 1978, 73.
[37] Heline, 6.
[38] Heline, 12-13.

No es coincidencia que los sonidos/vibraciones de las letras involucradas en la creación hebrea del mundo, se relacionen con la Madre Primordial. Las vibraciones inherentes a la verdadera esencia del significado de «madre» infunden fuego, pasión y *hawah* en nuestra alma.

*Shin* es considerado generalmente como una letra de llamas ardientes, o «fuego eterno». Su glifo actual parece un candelabro (menorah) con tres llamas (*yods*) que lo rematan:

*Mem* es la letra de todas las bendiciones acuáticas. *Mayim*, que es el plural de *mem*, significa «agua» en hebreo moderno. Es especialmente fácil ver el poder vibratorio del sonido «m» en los cantos comúnmente conocidos: om, aum, amén, mamá, etc.

Las raíces de *mem* se pueden ver en su forma antigua, que ilustra el movimiento de las mareas del agua:

El fuego y el agua (*shin* y *mem*) son las materias primas de la creación. Su misterio está en la combinación (mezcla), proceso que conduce a la Creación. Los griegos describen este concepto mítica y bellamente en su mito donde el ardiente Ares y la Afrodita (acuática), nacida en el mar, dan a luz a su hija Harmonia. En la mitología nórdica, Niflheimr (Mundo de niebla) y Muspellsheimr (Mundo de fuego) combinan «los extremos de ambos de sus lados» para crear «una condición armoniosa».[39]

Como veremos en los capítulos siguientes, *shin* y *mem* usados juntos como raíces en el idioma hebreo, hacen muchas combinaciones de palabras vívidas y significativas.

---

[39] Thorsson, Edred, <u>Runelore</u>, (RedWheel/Weiser LLC, 1987),143.

# 7 Raíz shin-mem

El venerado Rabino Luria fue llamado el «Santo Arizal» en reconocimiento de su extrema santidad. Un año durante los días de arrepentimiento, los comienzos del nuevo año, fue especialmente transportado por sus propias oraciones, sintiendo que eran particularmente poderosas. Pero el Espíritu Santo vino a él y le reveló que alguien más, que también había orado durante aquel tiempo, había realizado oraciones que eran aún más agradables a Dios.

El Santo Arizal pensó para sí mismo: «¿Quién es este misterioso *tsaddik* (justo) que ha superado mis propias oraciones en santidad?». El Arizal decidió buscar a este *tsaddik* para poder preguntarle el secreto de su piedad. Cuando el rabino Luria encontró al hombre, se quedó perplejo. Este *tsaddik* era un campesino de aspecto ordinario de una aldea ordinaria.

«¿Eres rabino?», preguntó el Arizal. «No», llegó la respuesta. «¿Eres un estudioso de la Torá?», preguntó. Una vez más, la respuesta fue: «no». «Entonces, ¿cómo rezaste durante los días de arrepentimiento?» preguntó el rabino Luria.

El hombre le respondió: «Soy un pobre campesino. Nunca he estudiado. De hecho, sólo conozco unas pocas letras del *aleph-beis*. Ni siquiera sé rezar. Pero cuando vi las fervientes oraciones en el templo, quise participar. Comencé a recitar las pocas letras que conozco, las primeras 10 letras del *aleph-beis*, de *aleph* a *yod*, y luego oré: «Querido Creador, Señor de toda la creación, por favor usa mis letras para hacer que mis palabras te agraden. Esta oración la continué durante todo el día».

Esta ferviente oración hablada desde el corazón de un obrero común tenía más significado en los cielos que las oraciones del piadoso y erudito Arizal.[40]

Cada letra tiene su propia energía y las letras madre tienen un poder especial. Por consiguiente, la raíz *shin/mem*, compuesta por dos letras madre, expresa una potencia característica. El erudito hebreo francés Fabre d'Olivet describe el jeroglífico «*shin mem*» de la siguiente manera: «El nombre de todo ser, el signo que lo hace cognoscible; lo que lo constituye como tal: un lugar, un tiempo, el universo, los cielos, DIOS MISMO: gloria.... lo que se levanta y resplandece...»[41]

---

[40] Adaptado de Munk, 37-38; Rabbi Isaac Luria, quien vivió de 1534-1572 es conocido como el *Arizal*. Tomado del *Divrei Shalom*.
[41] d'Olivet, 461.

Las siguientes tres palabras que contienen la raíz *shin-mem* serán exploradas en los próximos capítulos:

1) *Shem*: que significa «nombre» o «aliento». *Shem* también se traduce como «aroma». El *lexicón* de Benner define *shem* como «un aroma dulce que se transmite por el viento o el aliento».[42] (capítulo 8)

2) *Samata*: A menudo traducido como «obedecer». Su raíz significa «escuchar con la respiración»[43] (capítulo 9)

3) *Sh'ma*: que significa «oír». De la bien conocida plegaria *Sh'ma Yisrael*, traducida como «Escucha, oh, Israel» del Deuteronomio 6:4. (capítulo 10)

*«Nuestro espíritu está compuesto de agua y fuego. El aspecto del agua de nuestro espíritu se asienta en la consciencia y atrae el flujo divino de alrededor, a medida que el agua se mueve de arriba hacia abajo. El aspecto de fuego de nuestro espíritu se asienta en el corazón y atrae el flujo divino hacia arriba desde abajo, así como el fuego es alimentado desde abajo y atraído desde arriba. El aliento/espíritu se asienta en las dos alas del pulmón.»*
Sefer Ha'Zohar
Vol 4, folios 227b [44]

---

[42] Benner #1473.
[43] Benner #2851.
[44] Winkler, Kabbalah 356,145.

## 8 El aroma del conocimiento

De los *Caballeros de la Mesa Redonda*:

Después de numerosas misiones, aventuras y misterios, los caballeros del Grial se sentaron en sus lugares designados en la mesa redonda. De repente se oyó un trueno tan fuerte y poderoso que los caballeros temían que el palacio se derrumbara a su alrededor. Luego, sin previo aviso, un rayo de luz brilló tan intensamente que todo el palacio estaba iluminado como por mil velas.

Los caballeros se quedaron boquiabiertos al sentir que estaban en la presencia del Espíritu Santo. Entonces, maravilla de maravillas, el mismo Santo Grial, cubierto con un paño blanco, entró en la habitación aunque nadie lo llevaba asido. Tan pronto el Grial llegó, la sala se llenó de aromas tan fragantes y tentadores como si se tratara de las especies más exóticas de la Tierra. Viajó por el centro del pasillo y alrededor de los asientos. Inmediatamente cada lugar se llenó con los alimentos favoritos de cada uno de los

caballeros. Cuando todos fueron servidos,
el Santo Grial partió, aunque nadie lo vio
partir ni a dónde fue.[45]

El aroma es una herramienta poco discutida pero vital para experimentar la conexión con la divinidad. Varios aromas son mundialmente famosos por sus contribuciones a la curación, la sensualidad y la conciencia espiritual. Se piensa que las rosas representan el amor, el almizcle para la seducción, los lirios para la pureza.[46] La industria de los perfumes cosecha enormes beneficios utilizando el aroma como un afrodisíaco. Los aromas, con su atractivo de atracción sexual, también están en la base del clímax resultante: la fertilidad y la continuación de la vida. El comercio de especias es una industria sensual y lucrativa que seduce no sólo nuestro sentido del olfato sino también nuestras papilas gustativas. La aromaterapia es una modalidad de curación poderosa y practicada hace mucho.

Los egipcios, y a través de ellos, los primeros hebreos, eran expertos en la creación de fragancias. Las recetas de ungüentos de olor dulce y aceites de unción no sólo se encuentran en la Biblia, sino también en documentos anteriores. El Éxodo da una fórmula que mezcla mirra, canela dulce, cálamo dulce y aceite de oliva....

*Y harás de ello el aceite de la santa unción,*
*obra de perfumador, el cual será*
*el aceite de la unción sagrada.*
Éxodo 30:25

---

[45] Basado en una historia contada en William Comfort's The Quest of the Holy Grail. Citada de Matthews, John, King Arthur and the Grail Quest (Blandford, 1995), 105-106.
[46] Estos son algunos de los significados más conocidos, pero pueden cambiar para individuos y/o culturas específicas.

Las recetas de fragancias anteriores a la Biblia se han encontrado escritas en las paredes de tumbas egipcias. Un texto específico del siglo XV a. e. c., habla del júbilo de los habitantes de Tebas en relación a ungüentos específicos.[47] El texto llama a los ungüentos específicamente «palabras gozosas»[48]

Una receta frecuentemente encontrada llamada «khyphi» se usaba para propósitos tales como la fumigación del templo, la curación y el «uso sagrado».[49]

Los perfumes se encontraban a menudo en los templos porque se consideraban dones de los dioses. Los mitos egipcios describen los olores que emanan del ojo de Ra (dios egipcio del sol) o del ojo de Horus (dios egipcio del cielo, el hijo de Ra). En una historia mítica, Horus pierde un ojo en la batalla. En un ritual que incluye incienso y cánticos, Thoth, el dios de la magia, restaura el ojo de Horus. Abajo hay un extracto del hermoso canto que celebra este evento:

> *El perfume de la diosa Nejbet*
> *que sale de la ciudad de Nejab*
> *Te limpia, te adorna,*
> *se coloca en tus dos manos.*
> *¡Salve a ti, oh incienso!*
> *Llévate el ojo de Horus.*
> *Su perfume está sobre ti.*[50]

Tal como se anotó en el capítulo anterior, la palabra hebrea para nombre: *shem*, también significa, «un aroma dulce

---

[47] Aceite de moringa dulce y ungüento de resina de antiu.
[48] Manniche, Lisa <u>Sacred Luxuries, Fragrance, Aromatherapy & Cosmetics in Ancient Egypt</u> (Cornell University Press, 1999), 7.
[49] *ibid*, 51-56. En la época helenística, alrededor de los siglos II y III A.C., se escribió que los sacerdotes egipcios cantaban 7 vocales griegas mientras hacían khyphi, comenzando con alfa y terminando con omega. Plutarco (46-120 EC) se refiere al canto de textos religiosos mientras se hace el aceite sagrado.
[50] *ibid*, 34.

que se lleva en el viento o el aliento». Dios en hebreo es habitualmente llamado *HaShem* o simplemente «El Nombre». Según el comentario habitual, esto se debe a que el nombre de Dios se considera demasiado santo para ser pronunciado. Esta restricción se evita utilizando la expresión universalmente reconocida en lugar de indicar directamente la divinidad.

Pero quizás esta explicación es un desvío o «giro bíblico»[51] creado para enmascarar el secreto verdadero del nombre de Dios. En su raíz, dios como *HaShem* significa concretamente «el dulce aroma llevado por el viento».

La primera experiencia de Dios en la mística o en la oración contemplativa es análoga al perfume.

*Hueles lo que hueles.*
*Si hay rosas, las hueles.*
*Si Dios está ahí, disfrútalo.*[52]
monje trapense Padre Thomas Keating

*Mas á Dios gracias, el cual hace*
*que siempre triunfemos en Cristo Jesús,*
*y manifiesta el olor de su conocimiento*
*por nosotros en todo lugar.*
2 Cor 2:14

---

[51] Frase acuñada por William Albright.
[52] Citado en el artículo del Rev. Kelly Isola, "*Our Spiritual Senses, Part 1 – Smell*" at http://www.unity.org/resources/articles/our-spiritual-senses-smell; consulted 1/03/16.

## 9 El sabor del conocimiento

Las Eddas son dos libros antiguos de la mitología escandinava. Están llenos de fábulas, historias de los dioses, poesía inspiradora y el conocimiento colectivo de su cultura. Varias de estas historias cuentan diversas versiones del origen del aguamiel escalda, también conocida como «la libación de la poesía». He aquí un resumen:[53]

> El aguamiel fue creado originalmente a partir de la sangre de Kvasir, el más sabio de todos los gigantes. Fue asesinado por dos enanos que capturaron su sangre en tres tazones. Mezclaron la sangre con miel para crear una bebida especial «que convierte en poeta a cualquiera que beba de ella».[54]
>
> Por razones inexplicables, los enanos mataron a otro gigante y a su esposa. Por este crimen, los enanos fueron capturados por el hijo de los gigantes, Sutting, que también tomó posesión de los tres preciosos tazones de harina de sangre de Kvasir. Sutting los escondió en una cueva para ser custodiado por su hermosa hija, Gunnlöd.

---

[53] Adaptado de Metzner.
[54] *ibid*, 231.

Odín, el dios shamánico-nórdico de la curación, el conocimiento, el alfabeto rúnico, la búsqueda y mucho más, escuchó la historia y se fijó sus propias miras en la obtención del aguamiel. Al principio, intentó hacer trampas, pero fracasó por completo. Ayudado por los dientes de *Rati*, una rata perforadora, Odín pudo excavar un pozo en la parte trasera de la montaña. Transformándose en serpiente, se deslizó por el túnel para entrar.

Al encontrar a la bella gigante Gunnlöd en su interior, volvió a su forma humana para seducirla. Durmieron juntos durante tres noches. A cambio, ella le permitió tomar un sorbo de cada uno de los tres vasos que tenía en su poder. Recurriendo una vez más al engaño, Odín tomó cada recipiente por turnos, vaciando cada uno con tragos colosales.

Rápidamente, se convirtió en águila y se fue volando con el aguamiel en el pico. Sutting se transformó en águila asimismo y le dio caza. Mientras Odín corría hacia los dioses del cielo que habían preparado sus propias vasijas para sostener el aguamiel, unas pocas gotas cayeron sobre la Tierra. Después de llegar a casa, «Odín dejó un tanto de aguamiel tras de sí, a la que nadie prestó atención; cualquiera que quisiera habría podido obtenerla, y nosotros la llamamos «la porción de los poetastros»[55]

---

[55] *ibid*, 282.

El aguamiel escaldo, también conocido como «sangre de Kvasir», «bebida de los enanos», «botín de Odín» y «humedad de la montaña de la huelga», entre otras denominaciones, se hizo disponible tanto para los humanos como para los dioses. A veces una gota de inspiración simplemente cae del cielo, otras veces tenemos que buscar nuestra propia porción de los poetastros.

Se dice que el mismo Odín bebió de una de las vasijas llamadas *Odroerir*,[56] y de esta manera, llegó a ser conocido como el dios del éxtasis, la inspiración y la poesía junto con sus demás atributos.

La saliva es un importante fluido corporal. Disuelve los químicos en nuestros alimentos, permitiéndonos digerir y disfrutar del sabor de los alimentos a un tiempo. La saliva (escupir) es también un agente crucial de curación. Abajo hay una historia de Marcos 7 acerca de Jesús, que sana a un sordomudo usando saliva:

> *Y tomándole aparte de la gente,*
> *metió sus dedos en las orejas de él,*
> *y escupiendo, tocó su lengua;*
> *Y mirando al cielo, gimió, y le dijo:*
> *Ephphatha: que es decir: Sé abierto.*
> *Y luego fueron abiertos sus oídos,*
> *y fué desatada la ligadura de su lengua,*
> *y hablaba bien.*
> Marcos 7:33-35

Según los pueblos indígenas, cuando alguien ha aprendido un conocimiento espiritual efectivo e importante, se expresa como «saborear/gustar el conocimiento».[57] En Hawái, compartir la saliva es una manera de transmitir el conocimiento de maestro a estudiante. Los amantes

---

[56] De un término que significa «inducir éxtasis».
[57] Tanto «saborear» como «saber» provienen de la misma raíz latina: sapĕre. Que significa tomar conocimiento o saborear la inteligencia.

comparten saliva en forma de besos, que expresan sensualidad, amor y, en última instancia, fertilidad.

En el Sol Azteca o calendario de piedra de abajo, el dios Sol (a veces considerado dios de la tierra o dios del sol nocturno) saca prominentemente su lengua. Con sus intrincadas tallas y numerosos símbolos, esta piedra es un cifrado espiritual. El rostro del dios con la lengua extendida se encuentra justo en medio de esta «mágica» escritura codificada. El mensaje central de la lengua, sin embargo, es distinto: cuando uno respira profundamente, es capaz de usar la lengua para experimentar todas las esencias e incluso, el conocimiento del aire.

Muchas historias míticas se han escrito acerca de cómo el comer, y por tanto, el saborear, traen conocimiento. Cuando el dios nórdico Odín trajo el aguamiel escaldo a la humanidad, trajo más de lo que se ve a simple vista. Trajo la inspiración, la poesía y, en última instancia, el conocimiento. En el *Génesis*, a Adán y Eva se les advirtió que no comieran del Árbol del Conocimiento y, por lo tanto, se les negó la práctica ancestral de probar el conocimiento espiritual, en su caso, en forma sólida de fruto. Este es el mismo conocimiento que se ofrece libremente en las culturas de nórdicos y aztecas.

Hay un pasaje de la Biblia, en que el «saber saborear» no sólo es aceptable para la humanidad, sino que es un acto bendito. En el siguiente pasaje, el SEÑOR (YHVH) bendice a Abraham después de liberarlo del sacrificio de su hijo Isaac.

*En tu simiente serán benditas todas las gentes de la tierra, por cuanto obedeciste a mi voz.*
Génesis 22:18

La segunda parte de este pasaje: «por cuanto obedeciste á mi voz», más literalmente significa: «por cuanto has escuchado mi trueno con tu aliento».

Aquí las dos palabras que hacen esa traducción posible:

1) Voz: *b'quoli*[58] que significa «el sonido del pastor, el instrumento musical, el viento, el trueno», junto con el «estampido de cascos, de los mares, de grandes aguas y terremotos y estruendos de guerra.»

2) Obedecer: *samata*[59] es una palabra de raíz *shin-mem*, que significa «escuchar con el aliento».

Dicho de otra manera, cuando Abraham «obedeció la voz», en realidad estaba «escuchando con su aliento»: la expresión vibratoria divina. Esa voz debe haber estado llena de asombro, porque era *b'quoli* el sonido del viento, el trueno, el mar, los terremotos y más. Cuando Abraham «escuchó con su aliento», uno puede imaginar que tenía la lengua abierta, saboreando el conocimiento de la divinidad.

---

[58] Strong's 6963, Benner #1426J.
[59] Strong's 8085B, Benner 2851V.

El aguamiel nórdico, la lengua del dios Sol azteca, Abraham respirando la experiencia de la divinidad: las tres cosas provienen de la misma experiencia humana.

*«El conocimiento no viene de la cabeza.
Hay que probarlo y saborearlo.
Necesitamos dientes para cortar el infinito y hacerlo finito.»*
Rabbi Shlomo Carlebach[60]

---

[60] Wolkstein, Diane, <u>Treasures of the Heart</u> (Schocken Books, 2003), 4. Wolkstein citó a su propio rabino que hizo esta declaración en un Séder de Pésaj (Pascua) al que asistió.

## 10 Los nombres de Dios

En cuanto a los primeros humanos según el mito de la creación maya, el Popul Vuh:[61]

«Tenían su aliento, por lo tanto se convirtieron. También podían ver, porque inmediatamente su visión les sobrevino. Perfecta era su visión, y perfecto era su conocimiento de todo lo que había bajo el cielo. Si miraban a su alrededor, girando sus rostros, veían lo que estaba en el cielo y lo que estaba en la tierra. Instantáneamente, eran capaces de contemplar todo... Así su conocimiento se hizo completo. Su visión pasó más allá de los árboles y las rocas, más allá de los lagos y los mares, más allá de las montañas y los valles.»

Eventualmente los dioses nublaron la visión de los hombres para que sólo pudieran ver lo que estaba «cerca». Se suele

---

[61] Citado de *Lords of Creation*, Ed. Por Virginia M. Fields y Dorie Reents-Budet (Los Angeles County Museum of Art, 2005), 91. Trans. por Allen Christenson. El Popul Vuh es el texto de los mitos de la creación mayas, transmitido a la palabra escrita en el siglo XVI.

decir, que el potencial de «visión divina» permanece en las líneas de sangre real.

*Dejádlos adorar el nombre del SEÑOR:*
*porque solo su nombre es excelso; su gloria es sobre cielos y tierra.*
Salmo 148:13 (T. del T.)

A lo largo de la historia religiosa, ciertos sonidos vibratorios han sido utilizados práctica y energéticamente para honrar y comunicarse con la divinidad. Estos mismos sonidos han sido usados como títulos o nombres para los dioses. El capítulo 8 consideraba a *HaShem* como una denominación divina que significaba el «dulce aroma llevado por el viento». *HaShem* usa sonidos vocálicos y respiratorios que se encuentran comúnmente en la oración, el coreo y el canto. En el capítulo 2 vimos cómo el nombre divino *Hawah*, utiliza la vibración y la respiración. El nombre hebreo traducido por Eva, utiliza sonidos que son sílabas poderosas y que contienen esencias vibratorias que afectan los ritmos de nuestros cuerpos. Místicamente dicho, el latido de la creación y nuestro propio latido se interpenetran.

Las lenguas sagradas, las que se usan comúnmente para la liturgia y el canto, contienen sonidos vibratorios fuertes. Algunas lenguas sagradas son el sánscrito, el hebreo, el árabe clásico, el latín y el hawaiano.

No puede considerarse un accidente que muchos de los nombres antiguos de la divinidad (o dioses y diosas) estuvieran compuestos de sílabas de poder similares. Estos sonidos atraviesan culturas, continentes y edades. Ciertos ejemplos de dichas sílabas son AL, EL, LA, HU, YA y LO.

Aquí están algunos nombres con cuyas sílabas pueden formarse los siguientes nombres familiares a los lectores:

- AL-LA (Alá - Dios islámico)
- YESH-HU-AH (Yeshúa - nombre arameico de Jesús)

- YA-HU-AH o YA-HA-WAH (YHVH, SEÑOR, Jehová)
- EL o EL-O-HIM (usualmente traducido en la Biblia como «dios» pero más literalmente significa «poderes» o «fuente de poderes»)
- A-LO-HA[62] el saludo hawaiano que significa «el aliento que todos compartimos» y que se utiliza como expresión de amor.
- AL-LA-HU-YA – Hallelujah – Aleluya (¡Alabado sea Ya![63])

YHVH (*Yod-Hey-Vav-Hey*), el nombre para SEÑOR en la Biblia, es el llamado Tetragrámaton porque está compuesto de cuatro (tetra) letras o sonidos silábicos. Puesto que el hebreo fue escrito sin sonidos vocálicos, es imposible saber definitivamente cómo se pronunciaron estas cuatro sílabas en tiempos bíblicos. Uno de los usos más comunes es *Jehová*, que se forma a través de la asignación de las vocales de Adonai (que significa «mi señor»). Aunque divulgado por las primeras traducciones al inglés, es comúnmente aceptado que no podría haber sido una pronunciación correcta.[64] *Ya-Wah* es ahora la pronunciación más generalmente establecida. Pero hay otras posibilidades que tienen un significado espiritual.

La primera pronunciación que utilizo arriba, *Ya-Hu-Ah*, no sigue las reglas gramaticales lineales del hebreo antiguo, pero tiene validez espiritual transcultural. *Ya* y *ah* son sonidos respiratorios fuertes y *hu* es una sílaba o un nombre usado frecuentemente, y que representa la divinidad.[65]

---

[62] Cohane, John Phillip, The Key (Schocken Books, 1976), «Aloha: la palabra o nombre que se extiende como bienvenida y despedida, idéntico fonéticamente a Eloah, el nombre semítico de Dios», 177.
[63] El inglés *praise ya*, no solamente significa literalmente «alabado sea», sino que ya o Ya es una forma abreviada del nombre de Dios. (N. del T.)
[64] El sonido «J» no existía en el hebreo antiguo.
[65] El sonido de HU era uno de los nombres de la esfinge egipcia. Hunab Ku de los Mayas era el dios en el corazón de la creación. Ashuku es una

La segunda pronunciación utiliza un énfasis diferente de las cuatro letras; *Ya- Hawah*. Esta distribución se puede ver al comparar el Tetragrámaton (YHVH) con el español. En hebreo, «H» es la quinta letra, comparable a la «E» española. La sustitución de E por H crea YEVE. Eva (*Eve* en inglés) como diosa/vida/respiración es un aspecto integral dentro del santo nombre. La «Y» (*yod*), en su forma antigua, es una letra que se representa como una mano que emana del sol (capítulo 4): el dios masculino por excelencia. Eva es la Diosa Femenina por excelencia. Con estas sílabas de poder, *Ya-Ha-Wah* puede traducirse como dios padre/madre.

*Ya-Hawah, YaHuAh, YaWah* son, cada uno, cantos poderosos en virtud de sí mismos. El pasaje del Salmo 148:13 lo declara explícitamente:

> *Dejádlos adorar el nombre de Ya-Hawah:*
> *porque solo su nombre es excelso;*
> *su gloria es sobre cielos y tierra.*
> Salmo 148:13 (T. del T.)

Abajo está la primera línea en hebreo fonético. Nota las variantes de *alleluia* (*ya ha-lu*) y *shem*:

*Ya ha-lu et shem Ya-Hawah*

---

sílaba de la sabiduría del budismo. Ahura Mazda es un ser de sabiduría liviana de Persia. Hu es la deidad dominante de los celtas y esposo de Ceridwen.

## 11 Saludos con aliento

*Aloha ke akua*
(Vagamente significa en hawaiano «aliento de vida»
o «amor de Dios»)

Después de la muerte del famoso rabino Itzjak, muchos *jasidim* (literalmente: «piadosos») vinieron a llorar. Entre ellos estaba el rabino Benjamín de Lublin, que estaba bastante viejo y enfermo por esos tiempos. Tuvo que recostarse poco después de su llegada. Después de rezar, los dos hijos del rabino Itzjak fueron a verlo. «Hijos» les dijo, «por favor, díganme cómo debemos interpretar las palabras de la Escritura que dicen, "Y todo el pueblo vio la voz"».[66] El hijo menor, el rabino Menahem Mendel, se quedó callado hasta que el rabino Benjamín le pidió que hablara. El rabino Mendel le contestó: «Yo digo que debemos leerlo así: ellos vieron y se dieron cuenta de que uno debe tomar la voz en sí mismo y hacerla propia».[67]

---

[66] Éxodo 20:18.
[67] Buber, 300 (adaptado de los cuentos de Menahem Mendel de Vorki).

La voz, el sonido, la vibración afectan todos los aspectos de nuestras vidas, hasta el punto en que se convierten en presencias visibles. «Hacerla propia» es una forma de autoconocimiento e iluminación. Los saludos vocales que utilizan una forma de respiración son un método tradicional de bienvenida y generosidad con los huéspedes. Al compartir la respiración, una persona comparte una parte profunda de sí misma. Como se mencionó anteriormente, Hawái tiene una forma especialmente suave y amorosa de saludar, ya que «aloha» significa «el aliento que todos compartimos». Es una expresión de amor. El espíritu de aloha, en traducción, es entonces «el aliento amoroso que todos compartimos». Se pronuncia con sonidos vocálicos fuertes, representando su significado a través de la experiencia de la respiración que es utilizada al decir la palabra misma. La tradición de utilizar la esencia vibratoria de la respiración para saludar a alguien es también una tradición bíblica. El Éxodo 20:7 abajo parece, a primera vista, basarse en una prohibición que rodea el nombre de Dios:

*No tomarás el nombre de Jehová tu Dios en vano;*

La palabra utilizada para nombre es *shem*, tal como se ha visto en capítulos anteriores, significa «aliento», «nombre» y «aroma». La traducción de «tu Dios» es *Elohenu*, una extensión de *El* que significa «poderes» o «fuente de poderes». La palabra para SEÑOR es el Tetragrammaton, YHVH (*Ya-Hawah/Ya-Hu-Wa* — capítulo 9).

La palabra usada para vano es *sha'wa*,[68] que también puede significar «vacío» o «falso». La traducción se vuelve más literal:

*No compartas el dulce aliento (shem) de
madre/padre creador (Ya-Hawah) falsamente (sha'wa).*

---

[68] Benner #1461J.

Si estuviésemos mirando este pasaje a través de los ojos de la tradición hawaiana, así como de muchas otras tradiciones espirituales, el pasaje sería leído desde una perspectiva positiva. Se nos recordaría que utilicemos el aliento de la manera opuesta a «falsamente», que sería literalmente «verdaderamente» o «amorosamente». Una traducción hawaiana probablemente diría:

*Sólo comparte el aliento aloha del padre/madre dios amorosamente.*

Aquí está el pasaje bíblico desde una perspectiva positiva:

*Sólo comparte el dulce aliento de Ya-Hawah con amor.*

Probablemente la mayoría conoce el saludo cristiano común: «Que el Señor esté con vosotros». Este mismo concepto se ve en Rut 2:4:

*Y he aquí que Booz vino de Belén, y dijo a los segadores:*
*Jehová sea con vosotros.*
*Y ellos respondieron: Jehová te bendiga.*
(T. del T.)

O:

*Y he aquí, Booz vino de Belén, y dijo a los segadores:*
*Que Ya-Hawah esté contigo.*
*Y ellos respondieron: Ya-Hawah te bendiga.*

## 12 Noé y la semilla

El dios hindú Vishnu es conocido como el preservador y protector del universo. En este rol, se ha encarnado nueve veces (con una décima por venir) en la Tierra. Sus encarnaciones más famosas, llamadas avatares, son los héroes Rama y Krishna. Algunos consideran que Buda también es su encarnación. Sus emblemas y símbolos son los mares caóticos, la flor de loto, el discus o chakra, y la caracola que produce el sonido «om»

Según la mitología, la primera encarnación de Vishnu fue un pez llamado Matsia. Cuando todavía era un pequeño pez, Vishnu fue protegido y cuidado por un hombre llamado Manu, que era conocido por su sabiduría. Años más tarde, Vishnu reapareció para recompensar a Manu por su amabilidad. En esta visita, Vishnu le advirtió que se avecinaba una gran inundación. Instruyó a Manu para que construyera una gran barca y «pusiese en ella las semillas de todas las cosas, una pareja de cada tipo de animal y siete sabios».

> Siempre que las aguas del diluvio se enfurecían, Vishnu guiaba la barca. Cuando las aguas se calmaron, Vishnu la condujo a un lugar seguro.[69]

Noé también fue instruido por una deidad para construir una embarcación:

*De todo animal limpio te tomarás de siete en siete,*
*macho y su hembra; mas de los animales que no son limpios,*
*dos, macho y su hembra.*
*También de las aves de los cielos de siete en siete, macho y hembra;*
*para guardar en vida la casta sobre la faz de toda la tierra.*
Génesis 7:2-3

Manu y Noé fabricaron embarcaciones diseñadas para proteger y nutrir la vida o, dicho de otro modo, llevaban lo esencial para «servir para la restauración del mundo después del diluvio».[70] La manera más fácil, eficiente y segura de preservar los elementos esenciales para la vida es a través de la mediación de las semillas. Hablando míticamente, los barcos de Noé y Manu llevaban las semillas de la nueva vida, o muy posiblemente, semillas como la vida en sí misma.

Las semillas son las maravillas de la naturaleza, viajan por el mundo y llevan, completamente dentro de sí mismas, sus propias fuentes de alimento, protección y reproducción. El biólogo de semillas Thor Hanson habla de esto en su libro *El Triunfo de las Semillas* (*The Triumph of Seeds*). Describe cómo las semillas llevan, dentro de sus cubiertas, sus propias loncheras, que contienen todos los nutrientes necesarios para alimentar a sus jóvenes y tiernos brotes.[71] Tienen varios mecanismos de protección, como un caparazón exterior duro que sólo se abrirá cuando las condiciones del suelo, el agua y la

---

[69] Johnson, Buffie, Lady of the Beasts, (Inner Traditions, 1994), 232.
[70] Guénon, René, Fundamental Symbols (Quinta Essentia,1962), 109.
[71] Hanson, Thor, The Triumph of Seeds (Basic Books, 2015), 9-10.

temperatura sean las adecuadas. Son compactas y minúsculas y, al igual que la bellota, arrojarán brotes de diminutos y tiernos retoños, que pueden crecer tan grandes como el poderoso roble.

> *Es como el grano de mostaza, que,*
> *cuando se siembra en tierra,*
> *es la más pequeña de todas las simientes que hay en la tierra;*
> *mas después de sembrado, sube, y se hace la mayor de todas las*
> *legumbres, y echa grandes ramas.*
> Marcos 4:31-32

Las variedades de semillas son infinitas y están en constante evolución. Algunas necesitan sol, sombra, agua, sequedad. Su viaje también es diverso. Algunas tienen púas para sujetarse a la piel o a la ropa, otras tienen tentáculos plumosos para flotar en el viento; otras han cultivado una sabrosa cubierta exterior para animar a los animales a llevarlas a su madriguera, para almacenarla (y posiblemente germinar) o para comerla, y así procesarla a través de su sistema digestivo, depositando el tesoro en un montón de enriquecido estiércol fertilizante.

La importancia mítica de las semillas y su historia impregna todas las culturas. Las semillas viajan desde las profundidades de los calderos de la creación, a través del paso de aguas caóticas y turbulentas, donde son protegidas y guiadas para finalmente encontrar la tierra con luz solar y suelos fértiles. Una vez en tierra, encuentran un puerto seguro para crecer, fructificar y multiplicarse. De hecho, la frase «sé fructífero» proviene de los dones de la semilla. Conocemos muy bien los sabrosos y tentadores revestimientos exteriores de las semillas, que forman una parte importante de nuestra propia dieta. Son frutas como aguacates, manzanas, peras, naranjas, uvas, entre una infinita variedad capaz de atraer todos los paladares.

Aunque el papel de las semillas en la Biblia está muy disminuido, una comprensión de su importancia, tanto material como espiritual, hace posible apreciar el poder del viaje de Noé bajo una nueva luz. René Guénon lo dice bellamente en su libro *Símbolos*, donde escribe sobre la importancia del Árbol de la Vida, que crece de una semilla, como aquellas que Noé protegió: «La semilla es el centro; el árbol que proviene de ella es el eje que sale directamente de dicho centro, y a través de todos los mundos extiende sus ramas, sobre las que los "pájaros del cielo" descansan, pájaros que representan, como en ciertos textos hindúes, los estados superiores ser».[72] El árbol, el pájaro, los estados superiores del ser: son todos sostenidos por la minúscula semilla.

Todas las culturas tienen una tradición similar a la de Noé: un héroe, un dios o una diosa que protege las semillas y las ayuda a encontrar un puerto seguro y fértil después de un viaje por aguas tormentosas. Al norte de Israel, esta misma historia-tradición se ve reflejada en la fábula de Ea, el dios sumerio de la creación y las aguas profundas llamado Apsû. También era conocido como el dios de las semillas. Aquí están *sus* palabras:

*Traje la artesanía a mi Apsû (de) Eridu,*
*Soy la verdadera semilla emitida por un gran toro salvaje.*
*Hago que la abundancia sea perfecta.*[73]

Las semillas, en sus diversas formas y funciones, hacen precisamente esto: «que la abundancia sea perfecta».

---

[72] Guénon, 301.
[73] Jacobsen, Thorkild, <u>The Treasures of Darkness</u> (Yale University, 1976), 110.

## 13 La serpiente y la semilla

Lo que sigue es de la epopeya sumeria del Gilgamesh, héroe de Mesopotamia de alrededor del año 2100 a. e. c., y de la cultura del dios Ea:

> Después de sus muchas aventuras, Gilgamesh deseaba buscar el secreto de la inmortalidad. Se le instruyó que encontrara una planta espinosa «que crece en el Apsû, las aguas dulces que se encuentran en las profundidades de la tierra y que tiene el poder de rejuvenecer». Su nombre es "Un hombre mayor se convierte en niño"». Gilgamesh, contento de tener tal conocimiento, se apresuró a abrir la válvula del Apsû, y luego ató piedras a sus pies, para que con su peso lo condujeran hacia abajo. Encontró la planta y la arrancó mientras las espinas le rasgaban la mano. Cortando las piedras, dejó que la inundación lo llevara hasta la costa.
> Al haber obtenido su premio, Gilgamesh no se comió inmediatamente la planta espinosa. Planeaba llevarla de vuelta a casa para poder comérsela cuando

hubiera crecido y madurado lo suficiente como para consumirla.

Pero en el viaje de vuelta a casa, se puso caliente e incómodo. Cuando se encontró con un estanque fresco y acogedor, dejó su ropa y la planta en la orilla para adentrarse en el agua. Una serpiente, oliendo el olor de la planta, salió de su agujero, la agarró y se la comió. Gilgamesh reconoció a la serpiente justo cuando desaparecía en su agujero y se desprendía de su vieja piel para emerger nueva, reluciente y joven.[74]

La asociación más común que la gente tiene con el símbolo de la serpiente en la Biblia es la del Jardín del Edén, cuando supuestamente convence a Eva de que coma del Árbol del Conocimiento y por eso fue maldita. Pero esta no es la única referencia bíblica a las serpientes. Hay sacerdotes serpiente, una serpiente emplumada y una serpiente sanadora. En un pasaje, hay incluso una serpiente que es considerada sabia.

*Sed pues sabios como serpientes, y sencillos como palomas.*
Mateo 10:16 (T. del T.)

Los sacerdotes serpiente son los levitas. La palabra *levi*[75] se ha utilizado como raíz para la palabra serpiente, como puede verse en el nombre de la criatura «Leviatán», la serpiente gigante, o como los escritores Sjöö y Mor la llaman, el «mundo Dragón de la Diosa». Etimológicamente, señalan, «los sacerdotes levitas eran originalmente sacerdotes

---

[74] Adaptado de Jacobsen, 207.
[75] La raíz misma está relacionada con «unión, corona o guirnalda». Benner #1259

serpientes de la Gran Madre».[76] En Delfos, las sacerdotisas del oráculo del Templo de Apolo fueron nombradas *phythia* (pitonisa), término que proviene de la misma raíz que la monstruosa pitón. La serpiente emplumada es mencionada en Isaías 30:6 como un serafín, traducido en la Biblia del Rey Jacobo como una «fogosa serpiente voladora». La serpiente sanadora está posada sobre la bandera que lleva Moisés:

*Y Jehová dijo á Moisés:*
*Hazte una serpiente ardiente, y ponla sobre la bandera:*
*y será que cualquiera que fuere mordido*
*y mirare á ella, vivirá.*
Números 21:8

Una serpiente reside en el Gran Árbol del Edén mágico, habla con la humanidad, vuela por los cielos, es sabia, genera sanación y a ella está dedicada toda una casta sacerdotal. ¿Por qué es tan vilipendiada entonces? Es evidente que aquí hay más de lo que se ve a simple vista.

Para empezar, la serpiente, como su pariente cercano, el dragón, custodia el tesoro. ¿Qué tesoro? Mucho antes de que Noé o Manu o cualquiera de los héroes humanos que se enfrentaron a los peligrosos mares del abismo, con el fin de salvaguardar la herencia de la vida, estuvo la serpiente quien la nutrió y protegió. Fue la serpiente la que llevó las semillas en su propio cuerpo. Cuando el árbol del mundo creció de las semillas sagradas, la serpiente se quedó en las raíces para continuar nutriendo su crecimiento.

La letra latina N, que se relaciona con todos los temas de estas historias, ha conservado una conexión reveladora entre estos aspectos. Tanto los fenicios como los hebreos llamaron a la letra *nun*. En fenicio, *nun* significa pescado o serpiente de agua.[77] En arameo significa «pez». En hebreo, significa

---

[76] Sjöö, Monica and Barbara Mor, The Great Cosmic Mother; (Harper and Row, 1987), 268.
[77] Golan, Myth and Symbol (Jerusalem, 1991), 104.

«semilla» o «brote» y su significado moderno es «continuar, perpetuar».[78]

Estos elementos pueden verse en el símbolo pictográfico de nun, que en el Semítico Antiguo parece un brote de semilla, quizás un espermatozoide ↶. El movimiento «serpentino» de los orígenes de nun también es evidente en su glifo. Golan discute las conexiones entre los peces y la serpiente: «En el mito egipcio, serpientes amigas acompañan a Re cuando navega sobre las aguas subterráneas. En otra versión del mito, un par de peces nadan hacia el barco de Re para advertirle del peligro. Estos mitos apuntan a la percepción de que el pez y la serpiente son intercambiables».[79]

El pez/serpiente de agua/dragón es la fuente/protector de la semilla/ germinación que perpetúa la vida.

*¿Puedes encontrar otro mercado como este?*
*¿Donde, con tu única rosa*
*Puedes comprar cientos de rosales?*
*¿Donde por una semilla*
*Conseguir todo un terreno salvaje?*
Rumi
poeta persa del siglo 13

---

[78] Benner, Jeff A., The Ancient Hebrew Language and Alphabet (Virtualbookworm.com, 2004), 59.
[79] Golan, Prehistoric Religion, 183.

## 14 El árbol de las semillas

Érase una vez una gran semilla creada por Ea, el dios de Apsû y Ereshkigal: la reina suprema que se convirtió en reina del Inframundo. La semilla se implantó en las orillas del Éufrates y comenzó a crecer en árbol.

Sucedió que los vientos del sur desgarraron el árbol desde la base hasta la copa, y las aguas del río inundaron su raíz hasta que cayó en el poderoso río.

La reina del cielo, Inanna, vio el árbol y lo sacó de las aguas. Lo llevó a su jardín sagrado y allí lo plantó y lo cuidó con amor. Cuando el árbol creció lo suficiente, planeó hacerse una silla y una cama con su madera.

Pero cuando el árbol creció lo suficiente, Inanna descubrió que no podía cortarlo. Una serpiente «que no conoce el encanto» había anidado en sus raíces. El travieso pájaro Anzû había construido su nido en las ramas donde cuidaba de sus crías. Y en el tronco del árbol, Lilith, la «dama de la desolación», había fijado su residencia. Inanna tenía el corazón roto y lloraba «lágrimas amargas».

Gilgamesh escuchó sus gritos y valientemente vino a rescatarla. Con armadura pesada y con su «hacha del camino» mató a la serpiente «que no conoce encanto». En este momento, el pájaro Anzû huyó con sus crías a las montañas y Lilith huyó a su tierra natal. Los hombres que habían acompañado a Gilgamesh cortaron el árbol y se lo presentaron a Inanna, que estaba muy contenta.[80]

Como se ve en el capítulo 3, el Árbol de la Vida lleva el nombre de la primera mujer de la Biblia, Eva. No es inusual que una Diosa se asocie con un árbol, especialmente El Árbol del Jardín Divino, en este caso, el Edén.

Lilith, que fue vista como un demonio tanto en la Biblia como en el mito de Gilgamesh, en realidad tiene sus raíces como una Gran Diosa del Antiguo Oriente.[81] El nombre Ashera, el nombre bíblico de la Diosa Sumeria, escrito en plural como Asherot, significa «bosquecillo de árboles». Ashera, Lilith, Eva e Isis son todas Diosas del Árbol.

La siguiente imagen es una representación artística de una pintura de una tumba egipcia (Pashedu) aproximadamente 1314-1200 a. e. c. Es una imagen de Isis dando alimento en forma de fruta y bebida.

---

[80] Adaptado de una historia en Kramer, Samuel Noah, Mitología Sumeria, (Univ. de Penn Press, 1944, 1961, 1972), 33-34. La historia continúa: Inanna tomó madera de la base del árbol e hizo un *pukku* (probablemente un tambor) y de la copa del árbol formó un *mikku* (probablemente un palo de tambor) y se los dio a Gilgamesh en agradecimiento. Con el tiempo, el *pukku* y el *mikku* se perdieron en un agujero que se abrió en el suelo. De esta manera, Gilgamesh perdió tanto el *pukku* como el *mikku* en el mundo de las tinieblas.

[81] Golan, <u>Myth and Symbol</u>, 228.

*Y vió la mujer que el árbol era bueno para comer, y que era agradable á los ojos,
y árbol codiciable para alcanzar la sabiduría;
y tomó de su fruto, y comió;
y dió también á su marido, el cual comió así como ella.*
Génesis 3:6

Adán y Eva, a instancias de la serpiente, comieron el fruto del árbol. Hay muchos comentarios sobre Adán, Eva y la serpiente, pero poco sobre el fruto. Según Hanson, la razón de ser de las semillas es dispersar su riqueza, llevar la vida a una miríada de ecosistemas. El éxito de la semilla determina su existencia continua y, lo que es más importante, la continuidad de la vida. Existe una maravillosa variedad de herramientas y mecanismos para que esta dispersión se lleve a cabo. Como se ha visto en el capítulo anterior, las semillas a menudo se vuelven atractivas como alimento para tentar a los animales. Las frutas son una de las maneras más bonitas en que esto puede ocurrir. Como Hanson escribe, «La fruta, en toda su magnífica variedad, no existe por otra razón que para servir a las semillas». De hecho, continúa Hanson, «Adán y Eva fueron los agentes bíblicos originales de la dispersión. Después de comer el fruto rico en semillas, fueron expulsados del jardín llevando consigo las semillas». Y prosigue: «Con ese fruto tentador, él (el árbol con su abundancia de semillas), pasó de una existencia atada a un jardín, a la promesa de una dispersión masiva con la humanidad a través de la faz de la tierra».[82] Tanto el árbol como la serpiente cumplieron su misión: enviar semillas que cargan la materia prima para la vida en el mundo.

La semilla comienza como una creación divina, que luego es transportada a lo largo de aguas turbulentas. Está protegida primero por serpientes y luego recogida y salvada por héroes como Noé y Manu, o en la versión sumeria por la propia diosa Inanna, que la planta en su jardín sagrado. La serpiente continúa protegiendo, nutriendo y anidando (creando vida) en el punto donde rebrotan los brotes de plántulas bebé. La semilla, pues, madura en un gran árbol habitado por una diosa llamada *Hawah*: Vida. El árbol produce frutos que luego se comen y de esta manera se llevan y dispersan por toda la región conocida como tierra. Este es el regalo de *Hawah*: Eva: Vida.

> *Y sacólo Jehová del huerto de Edén,*
> *para que labrase la tierra de que fué tomado.*
> Génesis 3:23

---

[82] Hanson, 183-184.

## 15 Ella lo llamó Moisés

Una historia celta de los orígenes del poeta/bardo Taliesin:

El joven Gwion fue contratado por la Diosa Ceridwen para vigilar y agitar su caldera mágica mientras preparaba lentamente una poción de hierbas. Eran hierbas especiales que había tomado de las mañanas besadas por el sol y en las noches estrelladas, todo de acuerdo con las leyes astrales. El brebaje mágico, así destilado, contendría toda la sabiduría de las estrellas.

Un día, mientras agitaba el caldero, una gota del líquido caliente salpicó al dedo de Gwion. El joven se llevó rápidamente la mano a la boca, donde accidentalmente la lamió y así ingirió el elixir mágico del caldero. Fue iluminado instantáneamente con el conocimiento en totalidad. Ceridwen estaba furiosa, porque sentía que Gwion le había robado su recompensa y sus labores.

Gwion huyó, pero ella lo persiguió sin descanso. Entonces el joven se convirtió en conejo, y ella se convirtió en galgo. Él saltó a un río y se convirtió en pez, pero ella se convirtió en nutria. Él se convirtió en pájaro, y ella en halcón. Justo cuando estaba a punto de caer en picada para vengarse, Gwion vio una pila de trigo. Saltando en ella, se convirtió en un grano con semilla. Ceridwen se convirtió en una gallina, picoteó el montón, lo encontró y se lo comió. De esta manera, Ceridwen quedó embarazada. Cuando dio a luz nueve meses después, no se atrevió a matarlo y lo envolvió en una bolsa de cuero para arrojarlo al mar. Después de mucho tiempo, fue encontrado por un príncipe galés llamado Elphin, que lo sacó de las aguas y lo llamó Taliesin, el término galés para «frente resplandeciente», porque en realidad resplandecía.

En la mitología los nombres son importantes porque su significado refleja los atributos de tal persona o personaje. El nombre Moisés tiene muchas capas de significados. La primera se encuentra en la Biblia misma:

> *Ella lo llamó Moisés, diciendo:*
> *«Porque de las aguas lo tomé.»*
> Éxodo 2:10 (T. del T.)

En este pasaje, «ella», quien lo llama Moisés es la hija del Faraón de Egipto. Las letras de la raíz de su nombre hebreo parecen confirmar este origen porque significan «extraer». Pero muchos estudiosos, incluyéndome, sentimos que esta explicación es un «giro bíblico». La hija del Faraón era de la realeza egipcia y fue su padre quien decretó que todos los niños de los esclavos hebreos debían ser asesinados. No sólo es muy improbable que conozca el idioma de los esclavos de su padre, sino que darle un nombre hebreo a su huérfano habría sido un recordatorio constante de los orígenes de su hijo en la propia casa del Faraón.

Las letras de la raíz del nombre Moisés son lo opuesto de otra raíz que ya hemos examinado: *mem-shin*. En el antiguo Egipto, la combinación *mem-shin* significaba «hijo». Esto se puede ver en los nombres Ra-meses (hijo del dios sol Ra) y Tut-mose (hijo de Tut). El nombre Moisés como hijo tiene sentido religioso; muchos mensajeros llevan esta denominación.[83]

Sin embargo, como con cualquier buena representación espiritual, hay otra capa de significado en su nombre. En hitita, la raíz M-Sh significaba «serpiente». En sumerio *emush* significaba «casa de la serpiente» y *muš-hi* significaba «pez serpiente».[84] En Asiria, había una serpiente divina llamada *Ilu-Muš* o dios *Muš'*.[85]

En armenio, *mš* significa «fuego». Según Golán, también significa «serpiente de las profundidades» y «fuego del inframundo». Golan explica: «Puesto que el sol es parte del fuego subterráneo, *mš*, perteneciente semánticamente a la deidad del inframundo, ha producido nombres para el sol».[86] La palabra hebrea para sol es *shamash*.

En la Biblia, la vida de Moisés está llena de misterio, contradicciones y ambigüedades. No se le menciona en ningún escrito fuera de la Biblia. ¿Y si fuera un personaje mítico? ¿Un héroe a la manera de Odín que enseñó las runas, Taliesin que escribió poesía, o Gilgamesh a quien se le atribuye el mérito de traer la civilización a la humanidad?

---

[83] Dionisio significa hijo de Dios en griego y a Jesús se le llama hijo de Dios.
[84] Golan, Myth and Symbol, 104.
[85] Golan, Prehistoric Religion, 183. *Ilu* está etimológicamente conectado a El.
[86] Golan, Myth and Symbol, 286.

En la Biblia, la cara de Moisés brilló como la de Taliesin cuando fue descubierto por Elphin.[87] A Moisés se le ha atribuido el mérito de haber traído tanto los dones de la escritura como los de la civilización. Los primeros cinco libros de la Biblia se llaman los «Libros de Moisés» porque es una creencia mítica judía que él los escribió personalmente. Guió a los *habiru* fuera de Egipto a un lugar donde pudieran madurar y crecer - una función no muy diferente a la de Noé protegiendo y guiando sus semillas.

¿Podría haber sido Moisés mismo la semilla? Sus orígenes de nacimiento describen cómo tuvo que cruzar las aguas protegidas por una barca de juncos, antes de llegar a tierra en la relativa seguridad del palacio del Faraón. ¿Podría haber sido la serpiente misma, llevando a la humanidad de una forma de existencia a otra? ¿Podría haber sido el hijo (*msh*) del sol (*shamash*)? ¿Podría haber sido el dios/shamán/héroe que surgió del gran fuego del inframundo que es el manantial del conocimiento, la fuente de la vida?

En última instancia, ¿no contiene la historia de su vida elementos de cada uno de estos aspectos?

---

[87] *Y aconteció, que descendiendo Moisés del monte Sinaí con las dos tablas del testimonio en su mano, mientras descendía del monte, <u>no sabía él que la tez de su rostro resplandecía</u>*
Éxodo 34:29

## 16 Atravesando las aguas

Cuando Gretel liberó a Hansel de la jaula de la bruja, Hansel se liberó como un pájaro. Los hermanos se regocijaron, abrazaron, besaron y bailaron. Dentro de la casa de la bruja encontraron cofres llenos de joyas y se las metieron en los bolsillos, y todo lo que encontraron a su paso. Después de caminar durante varias horas, llegaron a una gran extensión de agua. Hansel se preocupó por cómo iban a cruzar, ya que no había plataforma ni puente.

Gretel también estaba preocupada y dijo: «Y tampoco hay barco, pero veo un pato blanco nadando allí. Si se lo pido, nos ayudará».

«Pequeño pato, pequeño pato, ¿lo ves? Hansel y Gretel te están esperando. No hay una tabla o un puente a la vista que nos lleve sobre espaldas tan blancas.»

El pato nadó hacia ellos. Hansel se sentó en su espalda, y le dijo a su hermana que se sentara junto a él.

«No», contestó Gretel, «eso será demasiado pesado para el patito. Nos llevará a través, uno después del otro.»

El buen patito lo hizo, y cuando ya estaban a salvo, reconocieron el camino a la casa de su padre. Al encontrarse con su padre en el bosque, hubo una alegre reunión. Hansel y Gretel le mostraron las preciosas y valiosas joyas que le habían quitado a la bruja.

Ahora todas sus preocupaciones habían terminado, y vivieron felices para siempre.[88]

La búsqueda-viaje de la gente *habiru* en el Éxodo es una historia sobre la transformación de sus vidas de una situación de esclavitud y limitación a una de autodeterminación y libertad. La travesía de la gran extensión de agua llamada Mar Rojo marca un paso crucial en dicha transformación. Su viaje los conduce a través y más allá de muchos umbrales y paisajes cambiantes, moviéndose desde los desiertos de Egipto hasta las tierras prometidas de Israel. En el camino deben cultivar nuevas semillas de conciencia, reflejando sus nuevas condiciones. La travesía de las aguas marca el punto culminante del clima. Moisés, habiendo cruzado ya su propio umbral acuático cuando era bebé es quizás la figura guardiana perfecta para guiar el viaje.

El nombre *habiru* viene de la raíz *ivrim* o *ibri*.[89] *Ivrim* con una «h» delante se convierte en *habiri*,[90] o más modernamente, «hebreo». La raíz de *ivrim* es *ayin*, *beis*, *resh*, que significa «cruzar

---

[88] Adaptado del original de los hermanos Jacob y Wilhelm Grimm, "Hänsel und Grethel," 1857.
[89] Winkler, Gershon <u>The Way of the Boundary Crosser</u> (Jason Aronson, 1998), 10.
[90] Strong's #5680.

o pasar a través de una tierra o agua para acceder al lado de más allá»."[91]

| resh | beis | ayin |
|---|---|---|
| R | B | A |

Este jeroglífico representa el ojo de Horus (capítulo 8) seguido por el pasaje del nacimiento de la Gran Diosa (capítulo 4) y la cabeza humana (capítulo 5). Aquí hay otra traducción basada en el jeroglífico: «La sabiduría divina que se origina en el ojo de Horus, atraviesa el pasaje de nacimiento de la Gran Diosa para residir en la humanidad», o más sucintamente, «conocimiento piadoso que cruza los umbrales para alcanzar a la humanidad».

El concepto de «cruzar fronteras» tiene muchos significados. Cuando uno cruza de un país con límites geopolíticos a otro, está claro que se ha cruzado una frontera porque hay puestos de control, visados y otros tipos de escrutinio. Están los límites de los ecosistemas. Cuando uno sale del agua para caminar por la orilla, por ejemplo, la piel, el cabello, los sentidos se sienten diferentes. Los símbolos para indicar tal transición son arena, conchas de mar o juncos que crecen entre los límites del agua y la tierra

Están los límites del espíritu. Estos límites pueden ser experimentados cuando uno está poseído por el flujo de la energía creativa; algunos ejemplos son escribir poesía, caminar en la naturaleza, orar y bendecir. En este estado uno atraviesa el tiempo lineal (mundano, cronometrado) y el tiempo sagrado (no lineal). Los símbolos para indicar estas transiciones son: árboles del mundo, serpientes, grandes masas de agua y de nuevo: juncos.

---

[91] Benner #2520.

En resumen, *ibri* significa «cruzadores de fronteras», y guiados por Moisés, eso es precisamente lo que hacen los *habiru* en el Mar Rojo.

## 17 Un borde de juncos

La imagen de arriba contiene temas que se encuentran comúnmente en el arte egipcio. Los cazadores en los barcos se acercan a una fila de juncos con peces en el agua y gansos que se elevan.[92] Se trata de una imagen de muchos umbrales, lugares de transición o puertas entre mundos diferentes. Hay un contraste entre el aire y el agua, la tierra y el agua, la navegación y el vuelo, la vida y la muerte. Y entre todo ello, uno puede ver los juncos que crecen en tales lugares de

---

[92] El papiro se usó desde el año 3000 a. e. c. Esta imagen proviene de Wikipedia Commons y está escaneada del libro Monumentos de Egipto del Rev. Charles Forster, 1853.

transición. Los cazadores, en busca de alimento, encuentran terrenos abundantes y fértiles.

*Las dos carrozas de juncos del cielo han sido colocadas en su lugar para Re, que podría cruzar en ellas hacia el horizonte.*
*Las dos carrozas de juncos del cielo han sido colocadas en su lugar para Re, que podría cruzar en ellas hacia el horizonte.*
*Las dos carrozas de juncos del cielo han sido colocadas en su lugar para Horus del Horizonte, para que Horus del Horizonte pueda cruzar sobre ellas a Re.*
*Las dos carrozas de juncos del cielo han sido colocadas en su lugar para mí, que yo, el rey Unas, podría cruzar sobre ellas hacia el horizonte, hacia Re.*
*Las dos carrozas de caña del cielo han sido colocadas para mí, para poder cruzar sobre ellas a Horus del Horizonte y a Re.*
Texto de la pirámide No. 337

Los juncos tienen una larga y sagrada historia en el antiguo Egipto. Los antiguos egipcios escribieron sus escrituras sagradas en una planta de juncos llamada papiro. La canasta en la que Moisés fue llevado cuando fue colocado en el Nilo cuando era bebé, fue hecha de un tipo específico de junco (papiro) y colocada entre los juncos (*suph*) del Nilo.[93]

*Pero no pudiendo ocultarle más tiempo,*
*tomó una cesta de papiro y la calafateó*
*con asfalto y brea, y colocó en ella al niño*
*y lo puso en un junco a la orilla del río.*
Éxodo 2:3 (T. del T.)

La palabra *suph* significa tanto «juncos» como «un cambio de un estado de transición a otro». Los juncos se asocian a menudo con historias que involucran el movimiento entre los

---

[93] (Strongs 5488, Benner 1339J) significa «borde» o «maleza»: «Los juncos y malas hierbas, incluyendo los papiros, crecen en el borde o en la orilla de los estanques y arroyos».

cielos divinos y la tierra manifiesta. Moisés es llevado de una vida (con sus padres) a otra vida (en la casa del Faraón) en una canasta hecha de juncos.[94] Los juncos del texto de la pirámide N0. 337 se describen específicamente como transportes para «cruzar» al reino de Re, el dios Sol. La palabra *suph* no solo se traduce «junco» en la Biblia, sino que también se traduce 12 veces como «umbral».

Los babilonios tenían un mito sobre el diluvio que era anterior a la historia bíblica. Ea, el dios de las semillas, fue a Utnapishtim, el Noé babilónico, para advertirle del próximo diluvio.[95] En el mito, Utnapishtim describió a Ea cuando venía a contarle la decisión de los dioses, de crear un diluvio para la destrucción. La cabaña de juncos es una morada y era o bien el hogar de Utnapishtim o un templo/área del altar.

> *El señor de la visión brillante, Ea, estaba con ellos,*
> *Repitió su decisión a la choza de juncos.*
> *Choza, choza de juncos, pared, pared,*
> *Choza de juncos, ¡oye! Pared, ¡escucha!*
> *Oh hombre de Shuruppak, hijo de Ubara-Tutu,*
> *Rompe la casa, construye un barco,*
> *Abandona tu propiedad, busca la vida,*
> *Arroja tus posesiones, y preserva la vida,*
> *Trae a la nave la semilla de todos los seres vivos.*[96]

Incluso antes de ser llamado a pastorear las semillas a través de las aguas violentas para que estuvieran a salvo, Utnapishtim ya era un hombre de umbrales y transiciones. Era el hombre de la choza de juncos.

---

[94] Taliesin, después de ser literalmente una semilla, fue llevada en una bolsa de cuero.

[95] Spence, Lewis, Myths & Legends of Babylonia & Assyria, (Forgotten Books, 2012; originalmente publicado en 1916),115.

[96] Jastrow, Morris, Hebrew and Babylonian Traditions, (Forgotten Books, 2012 originalmente publicado en 1914), 326.

La palabra *suph* también significa «torbellino» en hebreo. *El Mago de Oz* presenta una versión más moderna del mismo tema. En esta historia icónica, Dorothy es llevada por un torbellino, en forma de tornado, que la saca de su vida ordinaria en Kansas para comenzar su extraordinaria búsqueda en Oz. El *suph* como tornado la llevó literalmente a través de los límites entre los mundos.

## 18 El Mar de Umbrales

Del cuento de Herman Hesse sobre Siddhartha:

Siddhartha creció como hijo de un brahmán rico, bañándose regularmente «en las santas abluciones». Sintiéndose inquieto e infeliz, se fue en busca de la iluminación. A lo largo de su vida, el cruce de ríos llegó a representar el cruce de mundos, vidas e identidades. Cada vez que cruzaba el río, transformaba su vida y su persona, cada una de ellas un opuesto a lo que conformaba antes. Después de vivir como un asceta, donde aprendió el arte de la privación como un camino espiritual, llegó al río y lo cruzó. En el lado opuesto, conoció a una hermosa cortesana que le enseñó el arte del amor carnal y el amor romántico. En esta encarnación de su ser, también conoció a un comerciante que le enseñó cómo cosechar y recoger riquezas.

Después de un tiempo, se desanimó ante esta vida y volvió corriendo al río donde pensó que se ahogaría en desesperación. Pero el río le llamó, cantándole la vida. Y él escuchó y oyó. Tomó la vida como barquero, viviendo y trabajando en el río y así encontró la iluminación que tanto se le había escapado.

Ya no podía distinguir las diferentes voces - la voz alegre de la voz llorona, la voz infantil de la voz masculina. Todas ellas se pertenecían unas a otras: el lamento de los que anhelan, la risa de los sabios, el grito de indignación y el gemido de los moribundos. Todos estaban entretejidos y trenzados, entrelazados de mil maneras. Y todas las voces, todas las metas, todos los anhelos, todas las penas, todos los placeres, todo el bien y todo el mal, todo junto era el mundo. Todo y todos ellos juntos eran la corriente de los acontecimientos, la música de la vida». Aprendió que «el gran canto de las mil voces consistía en una palabra: perfección-Om».[97]

Los ríos caudalosos, como el Ganges en Asia, el Tigris y el Éufrates en el Medio Oriente, el Nilo en Egipto y el Amazonas en Sudamérica, han sido considerados las «cunas de la civilización». Los ríos no son solo fuentes de agua física, sino que representan fuentes de conocimiento espiritual singular. En cuanto a lo sagrado, también han sido fuentes del bautismo original donde la gente se «baña» en ritos de purificación. Juan bautizó a Cristo en el río Jordán. Hasta el día de hoy los hindúes se bañan en el Ganges. «Así como el fuego consume la madera, el Ganges consume los pecados»"[98]

En la Biblia, hay una prominente vía fluvial que figura de manera importante en sus primeras historias: el misterioso

---

[97] Hesse, Herman, Siddhartha (Bantam Edition, 1971), 135-136.
[98] Citado de Biedermann, Hans, Dictionary of Symbolism (Meridian, 1992), 285.

Mar Rojo. Es un punto culminante en sentido climático, cuando Moisés divide el mar para que el pueblo hebreo pueda pasar de su esclavitud a otras tierras que prometen libertad. Los egipcios que los persiguen se ahogan cuando las aguas que retornan los envuelven.

La frase hebrea para la misteriosa vía fluvial que Moisés divide es *Yam Suph*. Aunque se traduce como Mar Rojo, es más literalmente el Mar *(Yam)* de Juncos *(Suph)*. El significado del misterio se profundiza cuando reconocemos que la palabra *suph* tiene dos significados; «juncos» y «umbrales». ¿Y si este pasaje entre los dos mundos de la esclavitud y la libertad no fuera en absoluto un viaje físico manifiesto? ¿Y si el límite que cruzaron fue el del espíritu? Una traducción literal y significativa de *Yam Suph* sería el Mar de los Umbrales.

Tal vez los *Habiru* entraron en un reino similar a Oz o Asgard el «jardín de los dioses» en la cima del árbol del mundo nórdico, para cruzar más allá de su Mar de los Umbrales. Los egipcios no pudieron seguirlo, porque, aunque tales pasajes existían en sus tradiciones espirituales, en ese momento habían perdido su conexión con tales enseñanzas. Los egipcios se ahogaron en su intento de seguir.

El pueblo *Habiru* estaba en una búsqueda espiritual, como lo demuestra el hecho de que su viaje resultó en la fundación de una religión completamente nueva. Esta era una búsqueda que nadie más podía seguir porque no se llevaba a cabo en el reino terrenal. Puede que no hayan viajado a través de Oz o Asgard, pero encontraron el equivalente bíblico: el Monte Sinaí, literalmente la Montaña de la Luna.[99] Los *Habiru* pasaron por el reino espiritual a través del Mar de los Umbrales y el misterioso sueño/paisaje lunar antes de emerger en sus nuevas vidas, su nueva religión.

El secreto interior de cruzar los límites desde un punto de vista místico está en comprender que dichos límites son,

---

[99] El nombre «Sinaí» se deriva del dios de la luna babilónico Sin.

en última instancia, ilusiones de nuestra vida terrenal. Este fue el mensaje de Moisés.

*Jehová reinará por los siglos de los siglos.*
Éxodo 15:18

O

*Ya-Hawah caminará entre nosotros desde el más antiguo de los tiempos hasta el más lejano de los tiempos.*

## 19 Bendición

Esta historia viene de la comunidad sagrada de Polonnoye en Ucrania:

> El Baal Shem Tov,[100] un sagrado rabino jasídico que vivió hacia 1700-1760, es conocido como el fundador del judaísmo jasídico. Un día estaba orando fervientemente por sí mismo. Los testigos informaron que un gran barril de agua estaba cerca de donde oraba el Baal, «y todos vieron que el agua se estaba ondulando». La gente decía que la *Shekinah* (el aspecto femenino de la divinidad) «se cernía sobre él y como resultado la tierra temblaba». Ellos continuaron diciendo: «Como está escrito, el Señor descendió en fuego sobre ella... y todo el monte tembló grandemente.»[101]

---

[100] Literalmente significa «maestro del buen nombre» o alguien que ha «dominado el santo nombre». Tal persona sería conocida como un hacedor de milagros y sanador.
[101] Éxodo 19:18

Pero el terremoto no se notó; excepto cuando fue visto en el agua.»[102]

*Y en ti sea bendecida la semilla de todas las naciones; porque has obedecido mi voz*
Génesis 22:18 (T. del T.)

La palabra para bendición en hebreo es *b'rkah*, usando las letras raíz B-R-K. En hebreo, la raíz significa «doblar la rodilla». El *Lexicon* de Benner tiene dos definiciones: 1) «La flexión de la rodilla para beber de un estanque o presentar un regalo» y 2) «llenar la palma».[103]

| ש | ר | ב |
|---|---|---|
| *kaph* | *resh* | *beis* |
| K | R | B |

La palabra comienza con el glifo del laberinto o canal de nacimiento de la Gran Diosa. La cabeza (*resh*) se presenta en el nacimiento. La última letra (*kaph*) es la palma de una mano. Cuando hablamos de bendiciones, dar bendiciones o recibir bendiciones, es muy común en muchas tradiciones elevar las manos. Desde un punto de vista físico/jeroglífico, entonces, el significado de «llenar la palma» es la definición más semejante.

¿Pero de qué se llenan las palmas? En cuanto al jeroglífico, se están llenando con las energías que han venido del más allá y a través del laberinto. En el proceso de bendición, tomamos en nuestras manos las energías de lo que está detrás del velo; en otras palabras, del espíritu.

La definición de Benner de beber de un estanque también es descriptiva. La rodilla se dobla para que el cuerpo pueda

---

[102] Ben-Amos, Dan & Jerome R. Mintz In Praise of the Baal Shem Tov (Indiana University Press; 1972), 50.
[103] Benner #2039.

alcanzar el agua y nutrirse tomando en sí mismo la esencia del agua y su aspecto de fluidez.

> *Híceme estanques de aguas,*
> *para regar de ellos el bosque donde los árboles crecían.*
> Eclesiastés 2:6

La palabra para estanque en el pasaje anterior es *bereka* y está relacionada con la palabra «bendición».

> *Porque yo derramaré aguas sobre el secadal,*
> *y ríos sobre la tierra árida:*
> *mi espíritu derramaré sobre tu generación,*
> *y mi bendición sobre tus renuevos.*
> Isaías 44:3

Fíjate cómo el vertimiento del agua y el vertimiento de espíritu son paralelos entre sí: el agua y las bendiciones se yuxtaponen y se corresponden.[104] El agua es la última bendición. Transporta las semillas a lo largo de las aguas primitivas de la vida. Alimenta a las semillas y a las crías. Nutre nuestros cuerpos.

El concepto de Benner de doblar la rodilla para beber del estanque representa la ingesta de las bendiciones dadas libremente por el agua de la vida. Cuando enviamos bendiciones, el agua responderá:

> *«Pero el terremoto no se notó;*
> *excepto cuando fue visto en el agua.»*

---

[104] Es una metodología estándar de la poesía hebrea. Cuando dos conceptos se presentan en paralelo es una indicación de que son equivalentes.

## 20 Sangre y sacrificio

*De cierto, de cierto os digo,
que si el grano de trigo no cae en la tierra y muere,
él solo queda; mas si muriere, mucho fruto lleva.*
Juan 12:24

El dios nórdico Odín también es conocido como el vagabundo, el shamán/mago, y el buscador en el mundo, del conocimiento y la sabiduría. En su búsqueda, viajó al árbol del mundo llamado Yggdrasil para encontrar su propia iniciación. Yggdrasil, cuyo nombre significa «el caballo del terrible»,[105] representa el camino y el poder de moverse entre varios mundos, incluyendo el jardín de los dioses (Asgard), el reino humano (Midgard) y el inframundo (Hel). Un águila anida en su cima, una ardilla corre por su tronco, un ciervo curiosea en sus ramas y un dragón y varias serpientes roen sus raíces. Odín se sacrificó colgando nueve días y nueve noches boca abajo en el árbol. Describió su propia prueba: «Sé que me colgué de ese árbol barrido por el

---
[105] Metzner, 190.

viento, durante nueve largas noches, atravesado por la lanza, para que Odín me sacrificara a mí mismo, en ese gran árbol».[106]

De su prueba, Odín aprendió los secretos de las runas, el antiguo alfabeto nórdico. Pero todavía ganó más: «Nueve poderosas canciones que aprendí del hermano de mi madre, el Hijo de Bölthorn.[107] El precioso aguamiel que bebí, del caldero *Odroerir*.»[108]

El sacrificio en la Biblia aparece de muchas formas: algunas crueles, otras inspiradoras, otras desconcertantes. La mayoría involucra el fuego (ofrendas al fuego) y el proceso de crear «aromas agradables». Sin embargo, solo hay un aspecto del sacrificio que *Cuando Eva era una Diosa* explorará: el sacrificio como el acto de «tornar sagrado», como sugiere la etimología de la palabra.

¿Qué tipo de sacrificio conduce a lo sagrado?

*Sacrifica á Dios alabanza,*
*Y paga tus votos al Altísimo.*

---

[106] De la Elder Edda (Hávamál) o «Sayings of the High One» de la mitología nórdica. Citado en Metzner, 192-197.
[107] El padre de su madre o su abuelo materno.
[108] De un término que significa «inducir el éxtasis». También significa caldero y es el nombre de uno de los cuencos (u odre) utilizados para capturar la sangre de Kvasir.

Según Ralph Metzner, junto con el aguamiel poético, hay tres formas míticas de adquirir conocimiento en el mito nórdico: 1) beber directamente del pozo (de Mimir), lo que hace Odín cuando se cuelga del árbol; 2) sumergirse en el pozo; y 3) «así como Odín puso su ojo en el pozo, puedes poner una especie de ojo de periscopio en él». «Entonces tienes el ojo del dios del conocimiento mirándote: eso es autoconocimiento», de *Shaman's Drum* #51, (primavera 1999), entrevista con Ralph Metzner PhD., por Timothy White, «Ritual Approaches to Working with Sacred Medicine Plants», 25.

Salmo 50:14

Winkler traduce este pasaje maravillosamente: «Sacrificar a Dios siendo agradecido.»[109]

Echa otro vistazo a la piedra del calendario del capítulo 9. La lengua del dios tiene la forma de un cuchillo de sacrificio. De hecho, muchos eruditos consideran que la piedra misma ha sido un altar de sacrificio.

Recuerde la experiencia de Abraham en el capítulo 9. Porque él había estado dispuesto a sacrificar a su hijo Isaac, *Ya-Hawah* lo bendijo:

*En tu simiente serán benditas todas las gentes de la tierra,*
*por cuanto obedeciste al trueno de mi aliento.*
Génesis 22:18 (T. del T.)

Hay imágenes sedientas de sangre inherentes al concepto de sacrificio, como se ve en el cuerpo de Odín que cuelga del árbol herido por la lanza, la piedra azteca como altar de sacrificio, y la voluntad de Abraham de sacrificar a su hijo. Sin embargo, en cada una de estas tres culturas tan dispares, la historia del sacrificio se completa con la promesa de bendiciones y conocimientos especiales: el conocimiento de las runas y nueve poderosos cantos, los secretos de la piedra azteca, las bendiciones de «tu semilla».

La palabra hebrea más común para sangre en la Biblia es *dam*, la raíz del nombre *Adam*. Lo siguiente es su jeroglífico en hebreo:

| mem | dal | aleph |
| M | D | A |

El dios buey, que es la energía primaria masculina, y el agua que fluye, la energía primaria femenina, viajan

---
[109] Winkler, Boundary Crosser, 19.

de un lado a otro a través de una puerta o pasaje (⊓) donde sus movimientos se encuentran, fluyen y se interpenetran. El macho primitivo se casa con la hembra primitiva. Adán se casa con *Hawah*. La sangre se casa con la vida. Esta unión es el fundamento que crea, afecta, nutre y dispersa las semillas.

Y he ahí el sacrificio sagrado. Nos volvemos sangrientos a través del proceso de nuestro nacimiento. Para convertirnos en un ser vivo, nacemos como el cáliz físico que sostiene la sangre sagrada que fluye. En nuestro propio cáliz, también llevamos las semillas para la próxima generación que son alimentadas, nutridas y dejadas madurar por la misma sangre que continúa su curso a través de nuestros cuerpos.

El hecho de que esa sangre necesite ser derramada o puramente reconocida y honrada varía entre los sistemas de creencias. La raíz es la misma. La palabra «bendición» viene de la palabra del inglés antiguo *bloedsen*, derivada de la misma raíz que la palabra «sangre» (*blood* en inglés).

El proceso espiritual que crea la vida es el conocimiento secreto que se cuenta de innumerables maneras a través de mitos, historias de dioses y parábolas. Cuando nosotros mismos participamos activamente en los ritos, búsquedas y celebraciones sagradas, experimentamos de primera mano estos procesos mágicos que alimentan la Creación misma. Metafóricamente, nuestra sangre circula en sincronía con las energías de la Creación. Físicamente, nuestra sangre alimenta las semillas de toda la potencia y la potencialidad.

*Gustad, y ved que es bueno Jehová:*
*Dichoso el hombre que confiará en él.*
Salmo 34:8

O

Oh, probad y ved que Ya-Hawah es armonioso:[110]
bendito sea el guerrero[111] que confía.

---

[110] Benner #1186J Discuto la traducción de «bueno» (*tov*) como «armonía funcional» en mi libro ONE GODS, 27-28.
[111] Strong's #1397 Benner #2052N.

## 21 Vibraciones todas-en-una

Del *Mathnawi* de Rumi:[112]

Él respondió: «El emperador me eligió para buscar cierto árbol ramificado,

»Porque hay un árbol, único en todos los rincones del mundo: su fruto es la sustancia del Agua de la Vida.

»Lo he buscado durante años y no he visto ninguna señal de él, excepto las mofas y burlas de estos hombres alegres.

El Jeque se rió y le dijo: Oh simplón, este es el árbol del conocimiento en el sabio.

»Muy alto y muy grande y muy extendido: es un Agua de Vida del Mar de Dios que todo lo abarca.

»Has ido tras la forma, te has extraviado: no puedes encontrarla porque has abandonado la realidad.

»A veces se llama "árbol", a veces "sol"; a veces se llama "mar", a veces "nube".

---

[112] Libro 2, versículos 3665-3673. Rumi escribió el *Mathnawi* entre los años 1258 y 1273, en persa. La traducción de su título completo es «Pareado rimado con profundo significado espiritual».
http://masnavicards.appspot.com/?book=2&verse=3665 (y las páginas web que siguen), consultado el 4/1/16.

»Es aquella cosa de la que surgen cien mil efectos: sus menor efecto es la vida eterna.

»Aunque en esencia es única, tiene mil efectos: innumerables nombres corresponden y pueden aplicarse correctamente a Aquella"».

Cantar o entonar utilizando las sílabas de poder con intención, o incluso simplemente con alegría, es un camino para experimentar personalmente los «cien mil efectos» que son en realidad «Uno». Susana Tapia León, curandera ecuatoriana, habla poéticamente de estas mismas energías, que ella llama «la vibración de las estrellas», y que trabajan en armonía paralela con la «vibración de la Cantadora». La Cantadora, según León, es «la mujer que utiliza el canto y los sonidos como medicina y es capaz de oír las resonancias del cielo para traerlas a la Tierra». La contraparte masculina es el Cantador. En el judaísmo, es el papel del Cantor.

No hay límite, ni siquiera separación, entre el cielo y la tierra, la luz y la oscuridad, lo masculino y lo femenino, u otros aspectos que semejan ser opuestos. Las cosas que parecen ser dualistas lo son, solo desde nuestra perspectiva terrenal, «porque en los mundos superiores no hay contradicciones»[113]

Como enseña el Popul Vuh, «el potencial para la visión divina permanece en los linajes de sangre real».[114] Todos tenemos linajes de sangre real, porque cada uno de nosotros porta su propio linaje celestial junto con su linaje físico terrestre. Nuestro linaje celestial es tan real como divino. Invocamos a nuestra divinidad siempre que «le cantamos una

---

[113] De las histories del rabino Hayyim Meir Yehiel de Mogielnica, capítulo 5.
[114] Del capítulo 10.

nueva canción» y tocamos "hábilmente con un grito de alegría"»[115]

> *Este es el secreto de la llamada del gallo: En el momento en que Dios viene al Jardín del Edén a visitar a los que han vivido en equilibrio, todos los árboles del Jardín del Edén producen su fragancia y se ponen a cantar y alabar. En ese mismo momento, aquí en la Tierra, el gallo es despertado por el canto celestial y se une, cantando su alabanza en siete llamados.*
> Mirash Perek Shirah 4:1[116]

---

[115] Salmo 33:3.
[116] Winkler, Kabbalah 356, 305. *Perek Shirah* significa «Chapter of Song» o «Capítulo de canción».

# Epílogo

«Los yoguis han aprendido mucho sobre el secreto del aliento de la serpiente; por eso consideran a la serpiente símbolo de la sabiduría. Shiva, el señor de los yoguis, tiene una serpiente alrededor de su cuello como un collar. Es el signo del misterio, de la sabiduría. Hay cobras en las selvas de los países tropicales, especialmente en la India, que duermen durante seis semanas. Entonces un día la cobra despierta y respira porque tiene hambre, quiere comer. Sus pensamientos atraen comida dondequiera que esté; la comida es atraída desde kilómetros de distancia por sus pensamientos. El aliento de la cobra es tan magnético que la comida es atraída indefectiblemente; un ave, un ciervo o algún otro animal se acerca... La serpiente no hace ningún esfuerzo. Simplemente respira, abre la boca y la comida entra».[117]

*Cuando Eva era una Diosa* ha sido diseñado para abarcar la expansión desde la vida terrenal hasta lo divino celestial. Comienza con el aliento, el fundamento terrenal de la vida, y

---

[117] Kahn, 207-208.

termina con las vibraciones/bendiciones/gozo, la fuente espiritual de la vida. El tema común es la profunda conexión, o «corriente» en las palabras de Khan, que atraviesa toda la creación.

Este libro fue escrito para ser un compañero y una extensión de mi trabajo más grande *One Gods: La guía bíblica del místico pagano*. *Cuando Eva era una Diosa* proporciona maneras simples y enfocadas para comenzar a ahondar en los enigmas del *aleph-beis* hebreo y los misterios del conocimiento antiguo. Si estás interesado en profundizar en cualquiera de estos temas, *One Gods* los discute más a fondo.

También puedes encontrar más información sobre mi trabajo en mi sitio web: themysticpagan.com.

Una de las maneras más poderosas de hacer uso del conocimiento de este libro es a través de la práctica personal del canto. Todos los nombres de Dios, junto con las letras madre, son excelentes formas de empezar. El propósito no es perfeccionar nuestras voces para la actuación en el escenario, sino más bien como «medicina interna» para nosotros mismos. Practica el canto rápido, lento, alto, bajo; respiraciones rápidas, respiraciones medidas, respiraciones largas; lengua que sobresale, lengua contra el paladar, lengua detrás de los dientes; ruge fuerte como un león, zumba suave como una abeja, trina delicadamente como un pájaro. Utiliza combinaciones. Diviértete. Experimenta. Comparte. Juega. Ten en cuenta tus otros sentidos: olfato, tacto, oído, vista, conciencia general. Todo esto es un juego sagrado. ¡Disfrútalo!

*Y he aquí que Booz vino de Beth-lehem,*
*y dijo a los segadores: Ya-Hawah sea con vosotros.*
*Y ellos respondieron: Ya-Hawah te bendiga.*
Rut 2:4

## Apéndice A: Eva

Eva resulta ser un nombre complejo con una larga historia. El nombre Eva originalmente significaba «la madre de todos los vivientes» como nos es dicho en el Génesis.

*Y llamó el hombre el nombre de su mujer, Eva;*
*por cuanto ella era madre de todos lo vivientes.*
Génesis 3:20

En muchas culturas de Medio Oriente, su nombre significaba «poder femenino supremo. Para los hititas ella era *Hawwah*, la vida.» Para los persas ella era Hvov, «la Tierra.» Los arameos la llamaron Hawah, «madre de todo lo viviente».[118] En otras palabras, ella fue una diosa por virtud propia.

Mientras los hebreos desarrollaban su propio alfabeto, el nombre Eva tomó varias formas escritas. Para que lo leamos en la Biblia, el nombre fue traducido al español utilizando ortografía fonética.

La ortografía más común en la Biblia es *Chavah* con la letra *chet* como la primera letra de su nombre. Algunas ortografías pos-bíblicas usan otra letra, *hey*, como la primera

---

[118] Walker; 289. Walker continúa escribiendo, «Los nombres de Eva, la Serpiente y "Vida" siguen derivando de la misma raíz en árabe».

letra de su nombre. Ambas letras *chet* y *hey* son casi idénticas, tanto en la forma en que semejan, como en la forma en que se pronuncian. *Chet* es generalmente pronunciada con una énfasis gutural y profundo.

*Chet* ח   *hey* ה

La letra «v» del nombre de Eva es la letra *vav* que se translitera como «v», «w» o «ww». Las formas más comunes de *Su* nombre son *Chavah*, *Hawwah*, o *Hawah*.

Hay mucho que tomar de aquí. Podemos empezar con la relación de *chet* y *hey*. Tanto d'Olivet como Munk discuten la conexión entre las dos letras. D'Olivet escribe que su distinción es una cuestión de intensidad o, como él dice, «rango». Escribe: «Como signo gramatical ח [*chet*] tiene un rango intermedio entre ה [*hey*], vida, existencia absoluta, y כ [*kaph*], vida, existencia relativa y asimilada».[119]

El rabino Munk escribe: «Basándose en la autoridad otorgada a los sabios, algunas letras que se enuncian de manera similar son intercambiables bajo ciertas circunstancias. Este es el caso de ח [*chet*][120] y ה [*hey*][121], ambas pertenecen al grupo de las letras guturales.»[122]

Veamos más de cerca estas dos ortografías más comunes y cómo se definen:

## Chavah

---

[119] D'Olivet, Fabre, The Hebrew Tongue Restored (Samuel Weiser, 1976 originalmente impreso en 1921), 346.
[120] Que Munk llama *ches*.
[121] Que Munk llama *hei*
[122] Munk, 116. Las dos circunstancias de Munk son: 1) para propósitos «exegéticos» (que significan la interpretación de un texto religioso); y 2) es «halájicamente» válido (sigue las leyes de la Torá escrita u oral).

D'Olivet la define como «declaración; acción de descubrir lo que está oculto».[123] «Declarar» implica dar voz a la respiración para revelar patrones previamente escondidos de esencia vibratoria. Benner[124] define la palabra como «vivir» y «vida» pero también como «estómago» porque el estómago contiene la comida; «Cuando se llena [el estómago], uno revive. Este órgano es visto como la vida, dado que un estómago vacío es como la muerte.»

Esta definición añade otra capa de significado ya que es Eva o *Chavah*, con su nombre que significa comida y estómago, quien es acusada del «pecado» de comer la fruta.

Aquí hay otro uso de *Chavah* en la Biblia:

> *El un día emite palabra al otro día,*
> *Y la una noche á la otra noche declara sabiduría.*
> Salmos 19:2

La palabra traducida como «declara» en este salmo es *chavah*. En este uso es un verbo que «declara» el conocimiento. Este es otro resultado de «comer» la fruta del árbol del conocimiento.

### Hawah

He entrado en gran detalle en otros lugares usando esta traducción de Eva (ver especialmente los capítulos 2 y 3). D'Olivet la llama «Vida de la vida». Se refiere a la respiración, a la vida encarnada, al puente entre la divinidad y la humanidad. También es una palabra que trasciende el tiempo, pudiendo ser utilizada en varias formas como pasado, presente y futuro.

Conclusión: *Chavah* y *Hawah* son nombres virtualmente idénticos para Eva. De hecho, las dos versiones hebreas

---

[123] D'Olivet, 348.
[124] pg 122 #1171

tomadas en conjunto profundizan y amplían nuestra comprensión de la magnificencia y la conexión de Eva con la vida/respiración/voz/vibración. Ella es la intermediaria entre la divinidad absoluta de la Creación y la divinidad manifiesta de nuestra vida aquí en la Tierra. Esa conexión se expresa míticamente como existencia a través del estómago, al comer del árbol que «declara» el conocimiento y que otorga el aliento de la creación y, por tanto, la vida a la humanidad.

## Apéndice B: El laberinto

*Conexiones: enteros y no enteros,*
*convergente divergente, consonante disonante:*
*de todos uno y de uno todos.*
Heráclito

Los míticos significados interculturales del laberinto son variados y profundos. Su simbolismo generalmente rodea temas de vida, muerte y renacimiento. Su imagen, asimismo, se muestra en formas variadas, desde las que semeja una espiral [125] hasta la Catedral de Chartres, donde sigue un patrón laberíntico con una roseta en su centro. Estos patrones se encuentran en numerosos países y culturas y son tan antiguos hasta 5000 a. e. c. y quizás más. «La vida y la muerte son realidades polares, y el laberinto "expresa su polaridad así como su realidad."» [126]

La etimología de la palabra laberinto tiene muchas raíces, pero hay una especial definición intrigante, «la palabra labra tuvo el significado adicional de "cueva."» [127] Golan señala que los centros de los laberintos de las catedrales francesas medievales se llamaban «cielo». La conexión de estos dos

---

[125] Gebser escribe que la espiral es la «forma primitiva» del laberinto. En Golan, Prehistoric Religion; 303.
[126] Kerenyi (de Epicuras) cita de Golan, Prehistoric Religion; 303.
[127] Golan, Prehistoric Religion: 304.

conceptos aparece en el término daoísta para lugares sagrados que significa «cielo-cueva». [128]

Además de rosas, úteros de tierra y cielos-cuevas, ¿qué más podríamos encontrar en el centro? ¿El Minotauro? ¿La diosa del laberinto, Ariadna? ¿Un espíritu de la vida tornando su camino hacia la tierra? ¿Un espíritu de la vida tornando su camino hacia los cielos? ¿El santo grial? ¿Las respuestas a los grandes misterios de la vida? ¿Nuestro propio núcleo? ¿Todos y cada uno de estos?

Jodi Lorimer, autor de un maravilloso libro sobre laberintos, escribe, «Espirales, meandros, esvásticas y patrones de laberinto, todos representan la sensación de girar en un centro profundo donde uno es sacado del tiempo y donde una profunda transformación ocurre. Los mitos universales hablan de viajes inevitables y peligrosos a través de la terrible oscuridad, bajo el agua, en túneles profundos y cuevas en la tierra, todo ello habitado por extrañas criaturas donde la muerte espera al necio o al héroe. El laberinto es el símbolo arquetípico del viaje que todos debemos hacer». [129]

El laberinto nos acerca a los mayores misterios de nuestras vidas. ¿Quién soy yo? ¿Por qué estoy aquí en la Tierra? ¿Qué es la vida misma?

El centro del laberinto nos recuerda el centro de nuestro ser donde nuestra respiración nos conecta entre «lo que está dentro de nuestros cuerpos» y «lo que está fuera de nuestros cuerpos». Es un lugar, tradicionalmente, donde tenemos una conexión tangible con toda la vida, desde el más pequeño grano de arena hasta las estrellas en el firmamento.

---

[128] Golan, Prehistoric Religion; 308.
[129] Lorimer, Jodi, Dancing at the Edge of Death; The Origins of the Labyrinth in the Paleolithic (Kharis Enterprises Publishing, 2009); 151.

## DONES: Un poema

¿Es acaso suficiente conocer el viento y las olas?
¿Debo rememorar mi aliento y mi sangre asimismo?

Mi alimento, cómodamente sentado, es el material del sueño del sol y la tierra entrelazados, el sol disparando su virtud, la tierra aceptando dentro de sus húmedas entrañas, trabajando juntos en armonía.

    Y que en su gloria, gozosamente se me da.

Mi agua, fluyendo dentro y a través de mi cuerpo, una vez voló a través del cielo en voluta de nubes, flotó en tierra en un deslizamiento brillante y viajó a las profundidades de la tierra.

    Y que en su sabiduría, gozosamente se me da.

Mi aire, nutriendo mi sangre, se ha arremolinado en el cielo, dando giros en corrientes en los océanos y visitando el verdadero núcleo de la Tierra misma.

    Y que en su *mysterium*, gozosamente se me da.

Mis vibraciones, que forman mi esencia, siguen cantando con las estrellas, zumbando con la Vía Láctea y cantando con el universo.

Y que en su belleza, gozosamente canta los dones junto a mí.

Y cuando sé, de verdad profundamente sé, me pongo del revés para añadir mi propia esencia.

Y devolver los dones.[130]

---

[130] Revisión de un poema que escribí en 2005. El original está en mi libro *Songs of Shamanic Descent*. También aparece en *Moments of the Soul*, (Spirit First, 2010), 76.

# BIBLIOGRAFÍA

Ben-Amos, Dan & Jerome R. Mintz In Praise of the Baal Shem Tov (Indiana University Press, 1972).

Benner, Jeff A., The Ancient Hebrew Language and Alphabet (Virtualbookworm.com, 2004).

Benner, Jeff A., The Ancient Hebrew Lexicon of the Bible (VirtualBookworm.com, 2005).

Benner, Jeff A. A Mechanical Translation of The Book of Genesis, (Virtualbookworm.com, 2007).

Biedermann, Hans, Dictionary of Symbolism (Meridian, 1992).

Buber, Martin, Tales of the Hasidim, Later Masters (Schocken Books, 1948).

Caldecott, Moyra, Myths of the Sacred Tree (Destiny Books, 1993).

Cohane, John Phillip, The Key (Schocken Books, 1976).

d'Olivet, Fabre The Hebrew Tongue Restored (Samuel Weiser, 1976 originally printed 1921).

Epstein, Pearl, Kabbalah: The Way of the Jewish Mystic (Shambhala, 1978).

Fields, Virginia and Dorie Reents-Budet, ed. Lords of Creation, Los Angeles County Museum of Art, 2005). Translated by Allen Christenson.

Gimbutas, Marija The Goddesses and Gods of Old Europe, (University of California Press, 1982).

Golan, Myth and Symbol (Jerusalem, 1991).

Golan, Ariel, Prehistoric Religion (Jerusalem, 1991 and 2003).

Graves, Robert, The New Larouse Encyclopedia of Mythology (The Hamlyn Publishing Group, 1968).

Grimm, Jacob and Wilhelm Grimm, "Hänsel und Grethel," 1857.

Guénon, René, Fundamental Symbols (Quinta Essentia, 1962).

Hanson, Thor, The Triumph of Seeds (Basic Books, 2015).

Hesse, Herman, Siddhartha (Bantam Edition, 1971).

Heline, Corinne, The Bible & The Tarot (DeVorss Publications, 1969).

Metzner, Ralph, The Well of Remembrance (Shambhala, 1994).

Munk, Rabbi Michael L., The Wisdom of the Hebrew Alphabet (Mesorah Publications, 2009).

Jacobsen, Thorkild, The Treasures of Darkness (Yale University, 1976).

Jastrow, Morris, Hebrew and Babylonian Traditions, 2012 Forgotten Books (originally published 1914).

Johnson, Buffie, Lady of the Beasts, (Inner Traditions, 1994).

Kahili King, Serge Urban Shaman (Fireside, 1990).

Khan, Hazrat Inayat, The Music of Life (Omega Publications, 2005).

Kramer, Samuel Noah, Sumerian Mythology, (Univ. of Penn Press, 1944, 1961, 1972).

Lorimer, Jodi, Dancing at the Edge of Death; The Origins of the Labyrinth in the Paleolithic (Kharis Enterprises Publishing, 2009).

Manniche, Lisa Sacred Luxuries, Fragrance, Aromatherapy & Cosmetics in Ancient Egypt (Cornell University Press, 1999).

Matthews, John, King Arthur and the Grail Quest (Blandford, 1995).

Sjöö, Monica and Barbara Mor, The Great Cosmic Mother (Harper and Row, 1987).

Spence, Lewis, Myths & Legends of Babylonia & Assyria, Forgotten Books, 2012 (originally published 1916).

Thorsson, Edred, Runelore, (RedWheel/Weiser LLC, 1987).

Walker, Barbara G, The Women's Encyclopedia of Myths and Secrets (Harper SanFrancisco, 1983).

Winkler, Gershon <u>The Way of the Boundary Crosser</u> (Jason Aronson, 1998).

Winkler, Gershon <u>Magic of the Ordinary</u>, (North Atlantic Books, 2003).

Winkler, Gershon, <u>Kabbalah 365</u> (Andrews McMeel Publishing, 2004).

Wolkstein, Diane, <u>Treasures of the Heart</u> (Schocken Books, 2003).

## Agradecimientos especiales

Mi corazón se eleva y se siente lleno cuando pienso en todas las personas por las que siento gratitud. A veces escribo en soledad y en meditación. A veces escribo en comunidad con otros para animar y ayudar mi viaje y el de ellos. Ambos aspectos tienen su propio encanto y la combinación de ambos produce magia.

Mi maravillosa familia ha apoyado y respaldado mi trabajo durante más de 30 años. A veces ese camino se hace difícil, pero el amor subyacente que sentimos ha sido una presencia sostenida en mi vida

Susana Tapia León, Serge Kahili King, Živilė Gimbutas, Rachel Pollack, Jen Fani Taylor, Monica McCormack, Rick Liberty, y Martín Mora Ortega, a todos aquellos que han tocado mi vida con bondad amorosa y bendiciones aloha... gracias, mahalo gracias.

*Ciertamente viento hay en la humanidad
y el aliento de la Creación les enseña.*
Job 32:8

# COLOFÓN

¿Hay un tiempo en que Eva era una Diosa?

El tiempo en que *Eva era una Diosa*, es un tiempo mítico. Ahora lo contrastaré. Los yahvistas llaman *olam* al tiempo sin límites. A la duración o flujo sin inicio ni final. A lo que platónicamente denominamos «eternidad». Este no es el mismo «tiempo circular de los estoicos», al decir de Borges, o el eterno retorno nietzscheano. Sería más prudente contrastarlo con el tiempo mítico de los *kichwas*. Un presente, conformado por pasado y futuro míticos, que quizá es el mismo presente emersoniano y absoluto de Whitman en *Song of Myself*:

> *Nunca hubo más inicio que ahora,*
> *Ni más juventud ni vejez que ahora,*
> *Y nunca habrá nada más perfecto que ahora,*
> *Ni más cielo ni infierno que ahora*

Un presente entretejido por leyenda, memoria y mitos, por la difuminación de sus límites. Pasado imaginativo y futuro mítico, sin lugar para la Historia, pero más aún un presente, que es un presente visionario.

Este podría ser el tiempo en que *Eva era una Diosa*.

**Olam y el ciclo vegetal. Adán y el Golem.**

Olam es el Mundo y, asimismo, uno de los múltiples nombres de Yahvé: *El Olam* en Génesis 21:33. El dios eterno, dios de la eternidad. El dios del tiempo ilimitado—o según mi lectura: el dios que pervive fuera del ciclo vegetativo—:

> Y *plantó Abraham un árbol tamarisco en Beerseba,*
> *e invocó allí el nombre de Jehová Dios eterno.*

Es significativo que Abraham invoque a Olam cuando está plantando un árbol. Hay algo en la sucesión vegetativa, en el ciclo vegetal, donde leo una ironía sobre las fases de vida del cuerpo humano y su repetición incansable: semilla-broteplanta- flor-fruto-semilla. Más aún, me parece leer que las plantas y los árboles están continuamente recordándonos que nuestros espíritus están encerrados en cuerpos vegetativos, siguiendo la duplicidad socrática del cuerpo y el alma, como si las plantas y árboles dijeran: tranquilos, humanos, es natural marchitar en este mundo y retornar.

Pero el proceso, puramente vegetativo, sin el soplo divino—sin Hawah—, no entraña más verdad que la del Golem, que según Moshe Idel, no es un ser sin alma, sino el espíritu ctónico de la tierra misma.

*Adamah.* La arcilla roja, el barro. Adán modelado en la tierra como el Golem con piedra. Pero el aliento que se insufla a Adán es extraterrestre, porque no proviene del mundo terrenal. En cambio, es el rabino el que escribe la palabra: emet (verdad) en la frente del Golem para otorgarle vida, y es trascendente asimismo, que sea la letra aleph aquella que el rabino borra—para deshacerse de su creación, de aquel Prometeo de piedra—, y el resultado sea: met (muerte).

**Meditación hebrea y ayahuasca**

Estoy siempre asombrado y perplejo de la capacidad visionaria, casi alucinógena, de los exégetas judíos—estudiada por Scholem, Aryeh Kaplan y otros—que mediante respiración y meditación, tenían experiencias visionarias que podrían emparentarse con aquellas de los pueblos que conservan la ayahuasca como mito, medicina y poesía; es decir, visión imaginativa—y por tanto soteriológica—sobre el mundo. Pero es sumamente trascendente que los exégetas hebreos no alucinaran—o no lo refirieran, siguiendo a Kaplan—, con presencias o fuerzas misteriosas durante su meditación, sino con letras divinas, letras de fuego. Más precisamente: las letras con que fue creado el universo según la noción cabalística. Respirando, meditando. Pasando umbrales con los ojos cerrados o fijos en un punto, podían visualizar segmentos o partes de las letras, tan grandes que son inabarcables para el ojo humano, con que el mundo fue forjado.

Asimismo, los cabalistas hablaban del Adán Kadmon, arquetipo de todos los hombres y hombre primordial. Que contiene en sí, cabalísticamente, a todos los hombres venidos y por venir. Es nuestro gran abuelo. Y es quizá esa noción la que ciertos *shuar* utilizan para referirse a la planta de tabaco o al ayahuasca: abuelos. Grandes presencias que acompañan el camino del viajero.

**Una vision gnóstica a través de *Cuando Eva era una Diosa*.**

Yo he tenido una visión que ahora pondré—si se me permite—en el contexto de *Cuando Eva era una Diosa*. Ahora deberé manejarme en metáforas.

Las almas tienen una fuente y hogar más allá de este mundo, son abejas que beben agua, producen miel o luz, y vuelan, etéreas, luminosas. Quizá lo que los gnósticos llaman *Pléroma*. Un sitio lleno de la presencia divina, donde no hay vacío ni ausencia de conocimiento como ocurre en esta tierra. En contraste con el *Kenoma*, proceso en donde el alma se vacía para recibir un dios en el que no creo, o en el que creo para erigirme en contra.

Esas almas, al sentir el llamado, entran en la espiral o el laberinto. Es el laberinto por donde el espíritu se conecta con el cuerpo que le está predestinado, y asimismo, el camino por el que parte cuando lo abandona. Toda visión y experiencia liminares podrían resumirse en este laberinto que es el puente que une el mundo de las almas con el mundo humano: donde las almas no son ellas mismas, ni poseen nada por mucho tiempo, hasta que retornan a su fuente y su cuerpo se esfuma. El espíritu debe atravesar un laberinto al inicio y al final de la vida; pero, del otro lado, al enfrentarse al mundo sufrirá el olvido de lo más sagrado: la identidad de su naturaleza, que no es naturaleza de este mundo.

Si esta tierra no nos pertenece en su inocencia, habrá que revestirla de mitos y obras, y así dignificarla mientras nos encontramos aquí. La necesidad imaginativa, mito y poesía, derivaría del hecho de que esta tierra no nos pertenece, de que somos huéspedes momentáneos. O al decir supremo de Wallace Stevens:

> *La primera idea no era nuestra. Adán*
> *en el Edén fue el padre de Descartes*
> *Y Eva tornó aire el espejo de sí misma,*
> *De sus hijos e hijas. Se encontraron a sí mismos*
> *en el cielo, como en un vidrio; una segunda Tierra,*
> *y en la tierra misma encontraron un verde –*
> *Los habitantes de un muy barnizado verde.*
> *Pero la primera idea no era para formar las nubes*
> *en imitación. Las nubes nos precedieron.*
> *Había un centro fangoso antes de que diéramos el primer aliento.*
> *Había un mito antes de que el mito comenzara,*
> *Venerable y articulado y completo.*
> *De esto el poema rebrota: que vivimos en un lugar*
> *que no es nuestro y, más aún, no en nosotros mismos*
> *Y duro es a pesar de blasonados días.*

Cuando Eva era una Diosa por Janet Rudolph.
ISBN-13: 9780986279539
Published 2020 by FlowerHeartProductions Rockville Centre, NY

www.ingramcontent.com/pod-product-compliance
Lightning Source LLC
Chambersburg PA
CBHW071310060426
42444CB00034B/1764